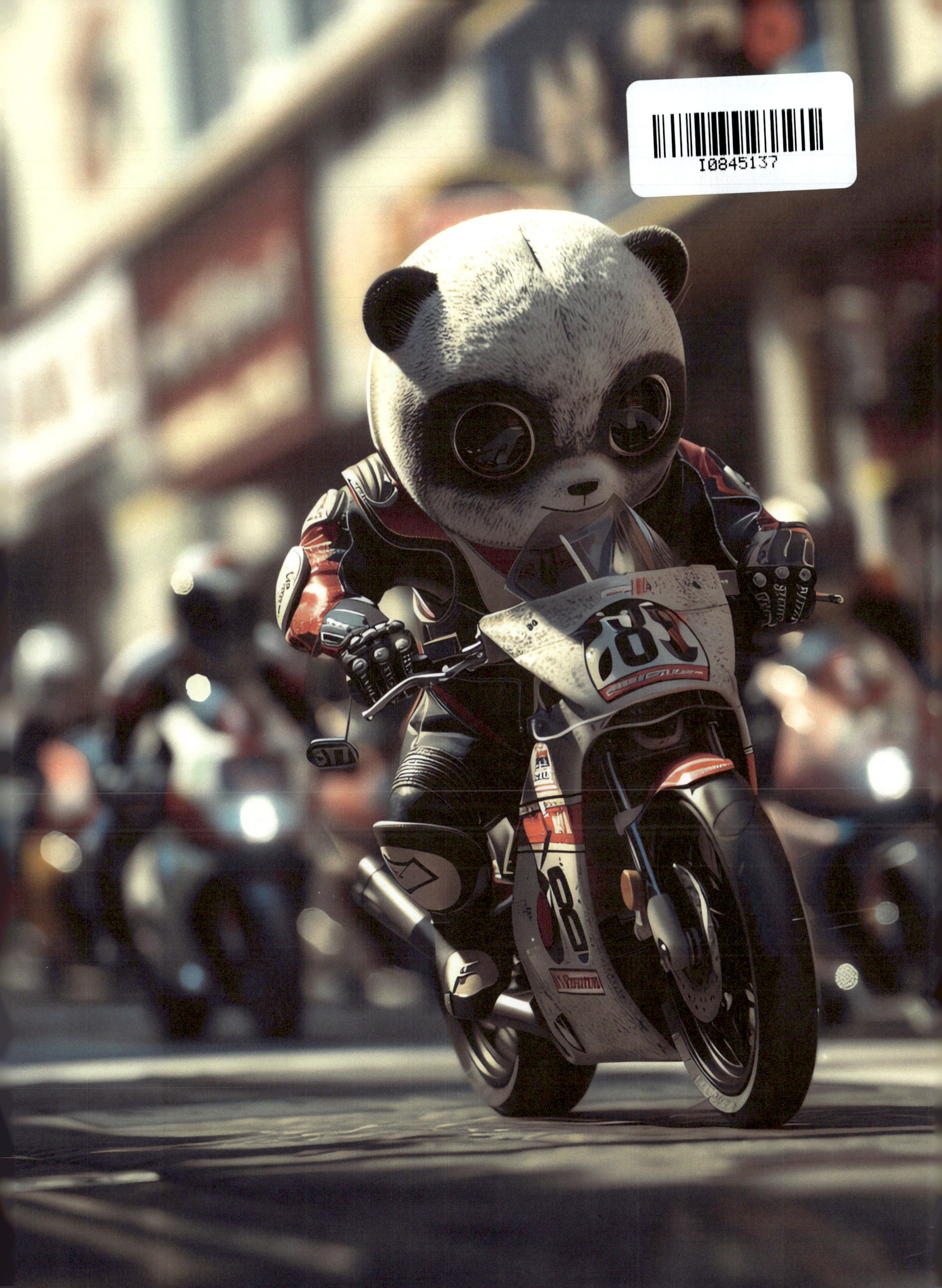
I0845137

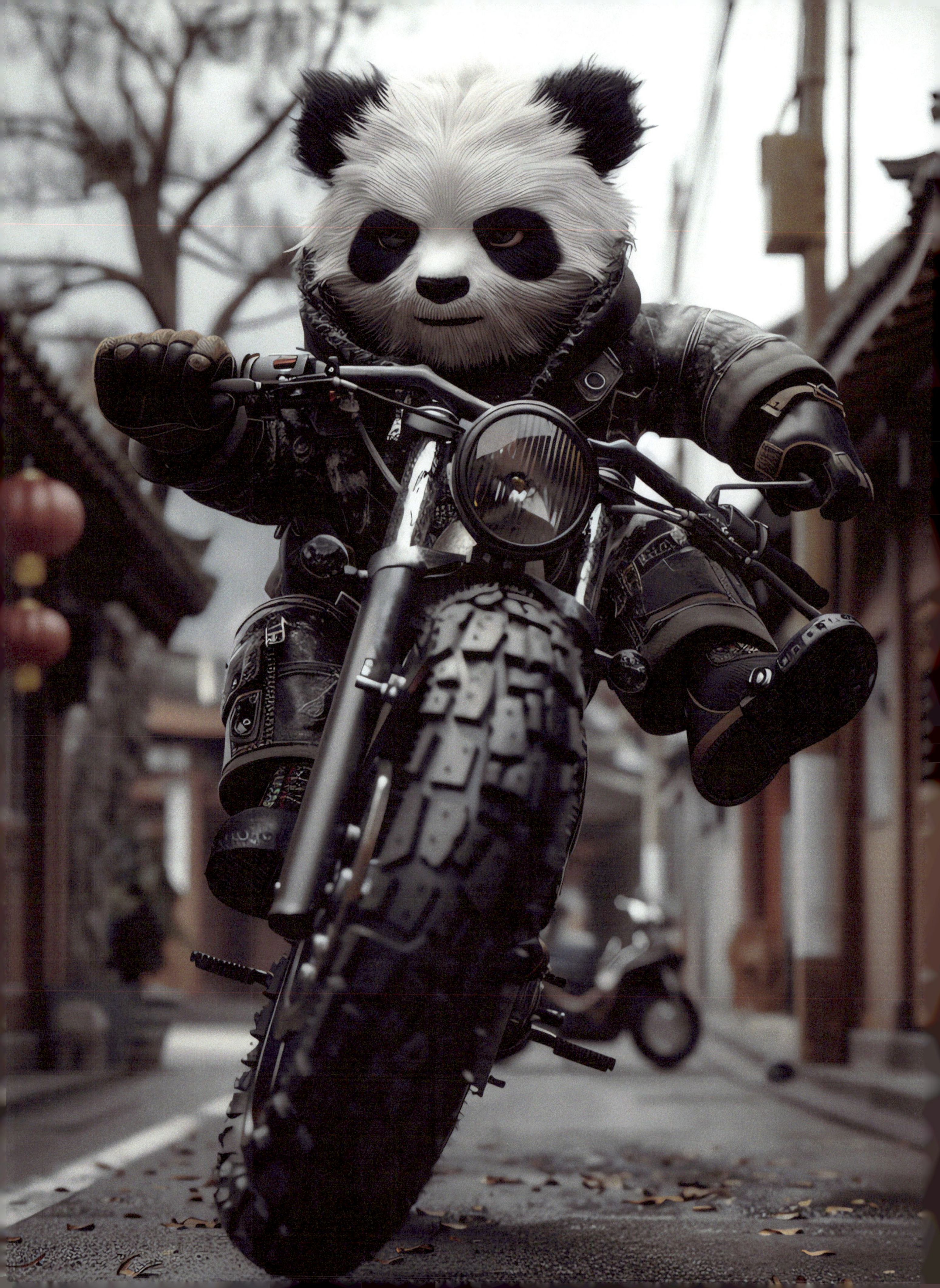

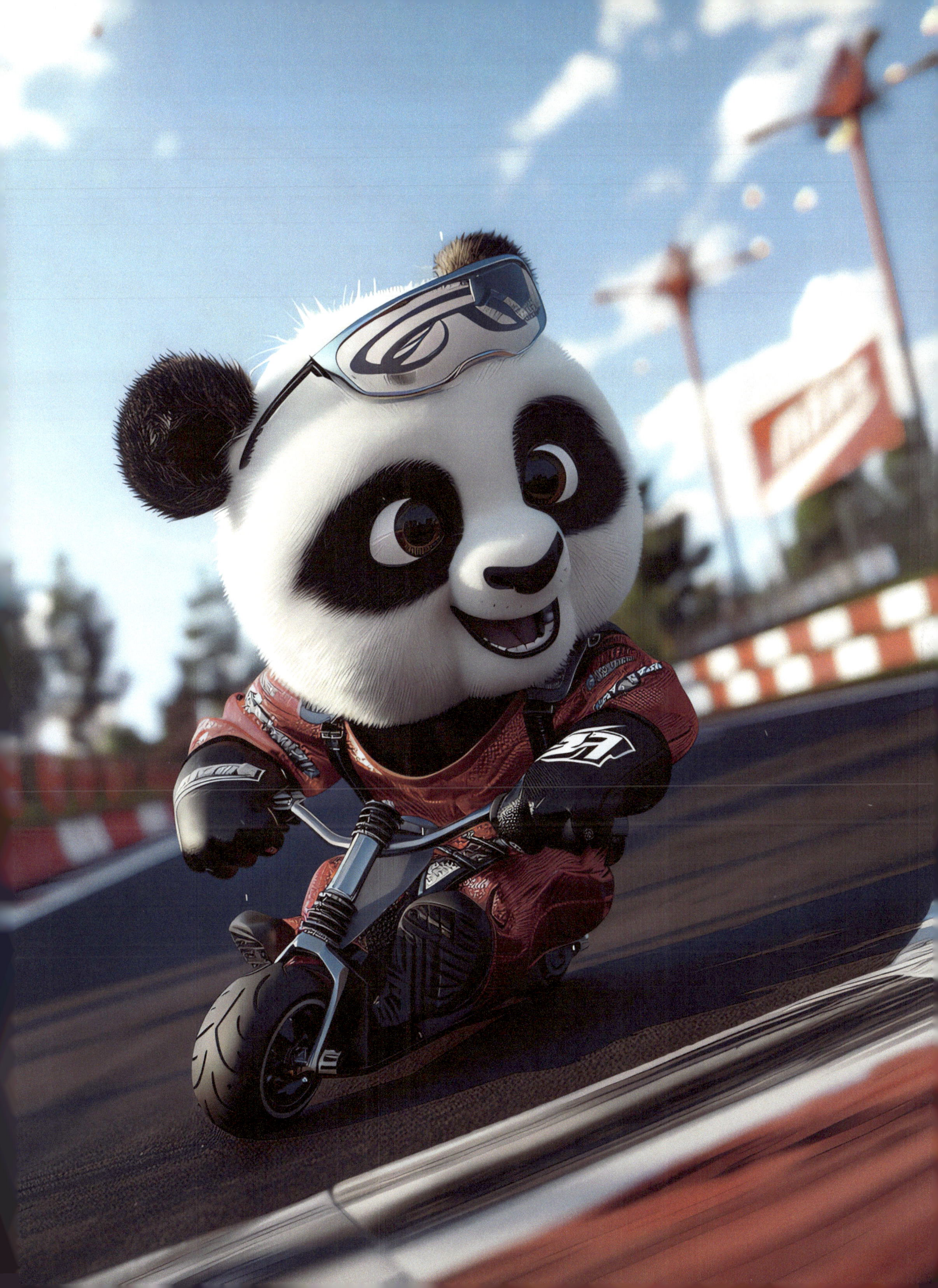

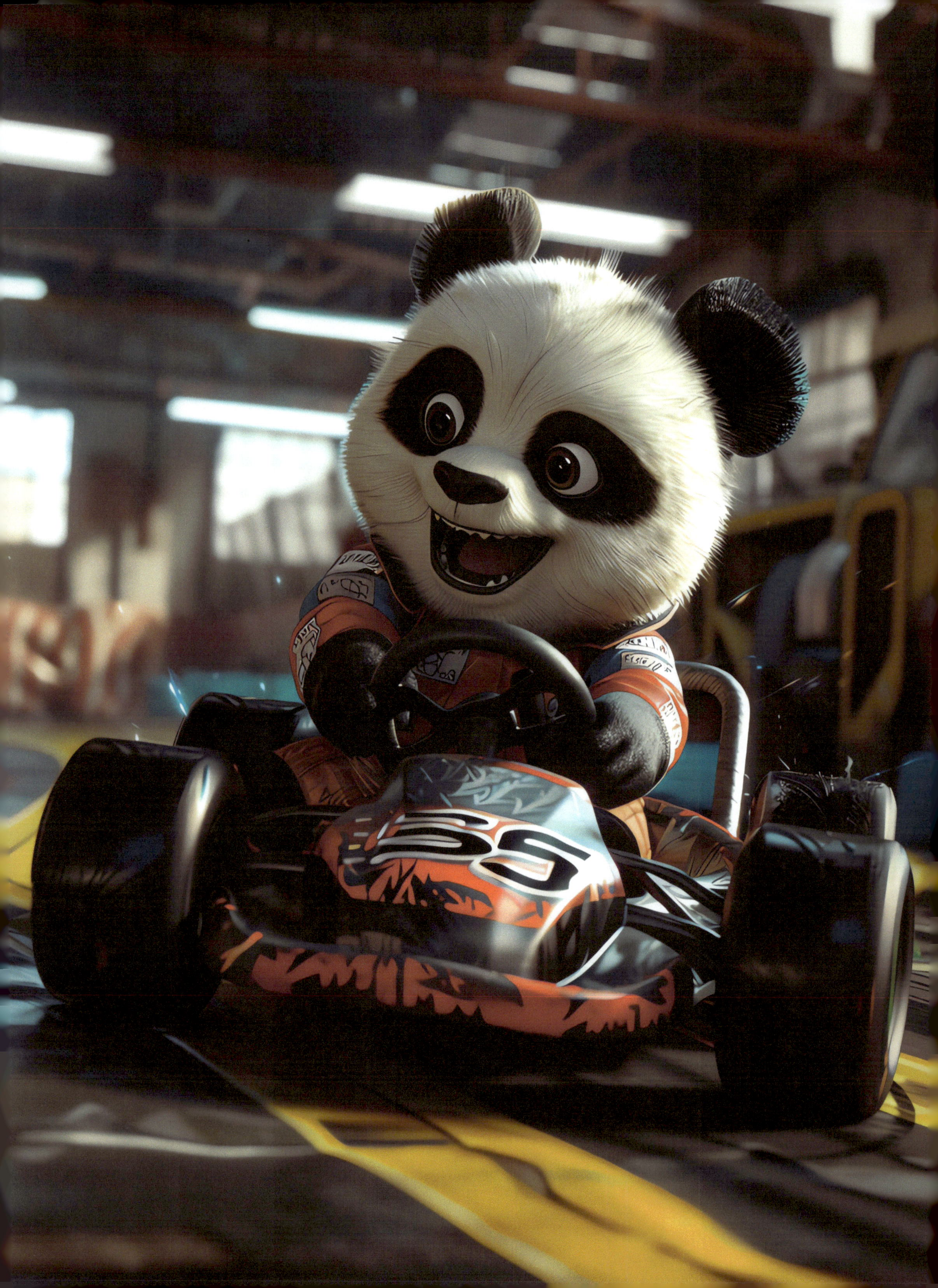

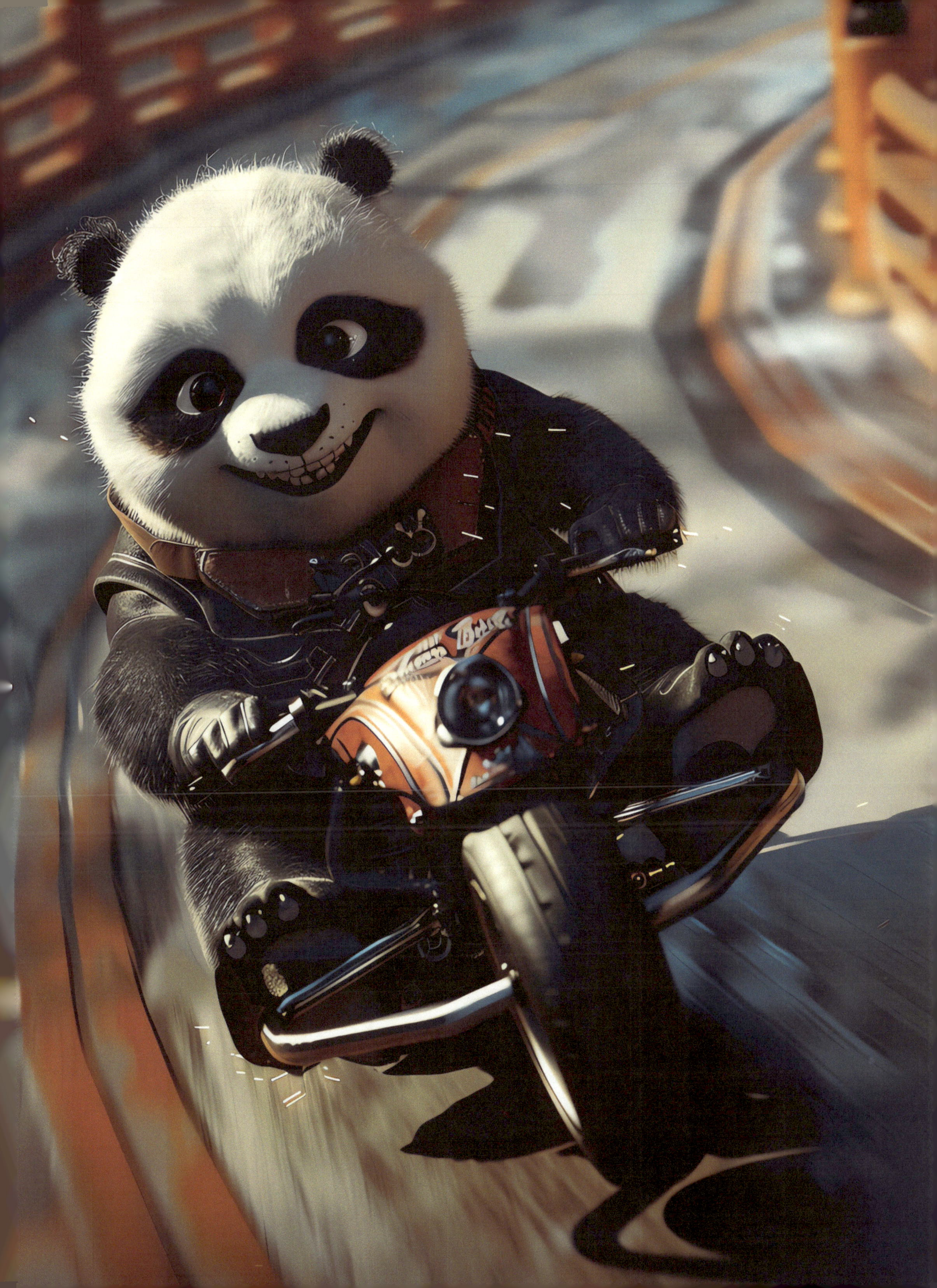

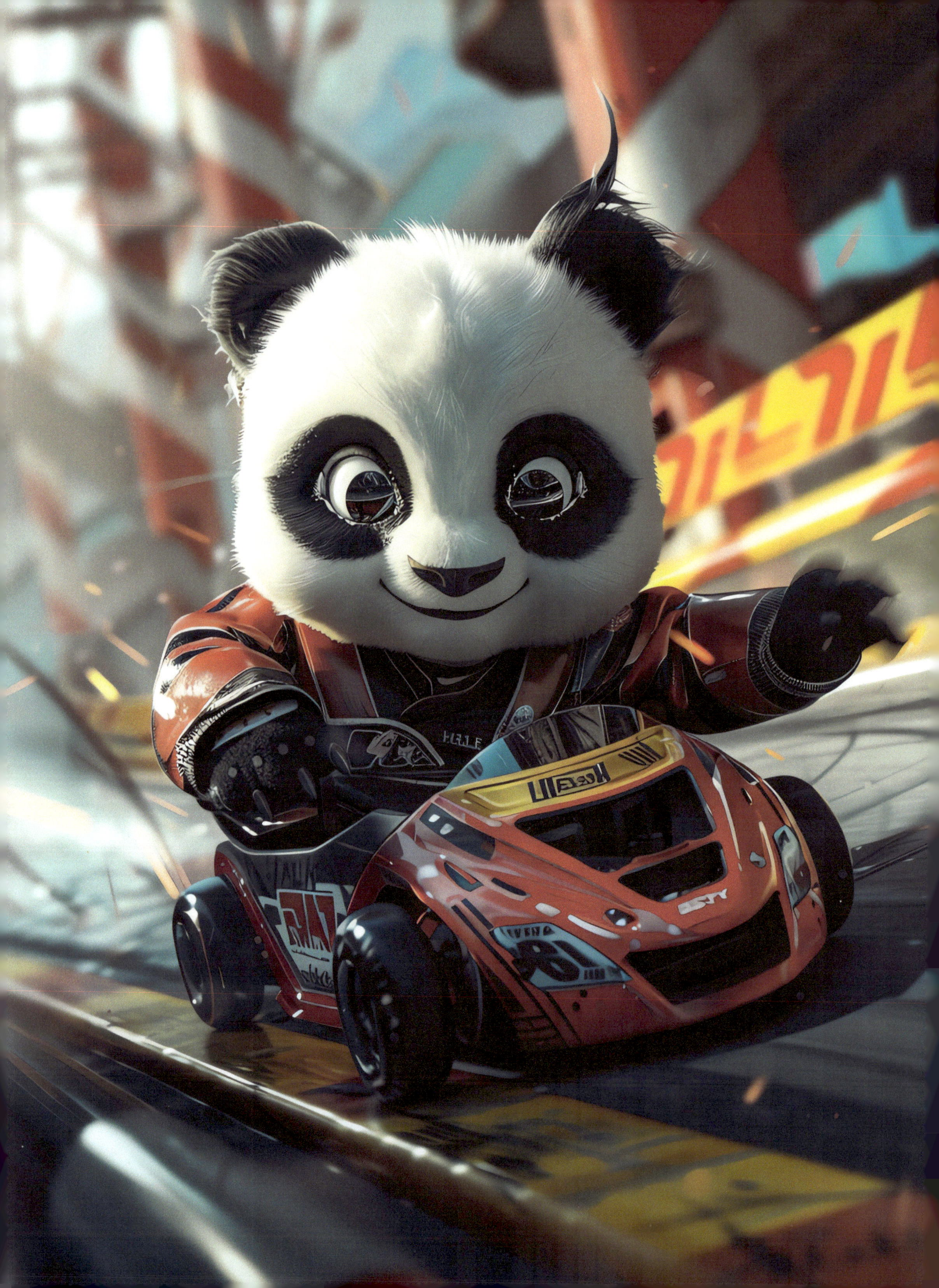

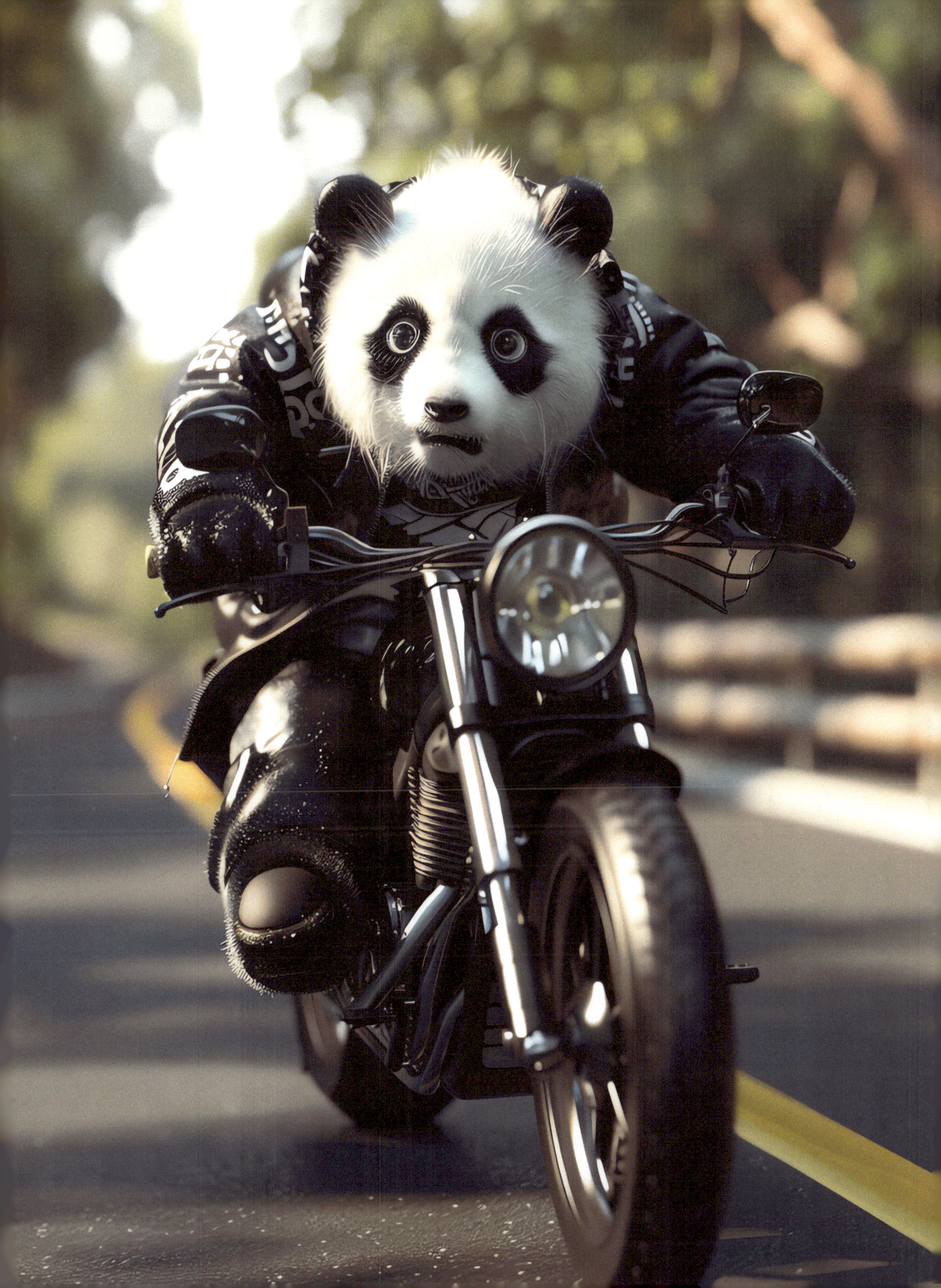

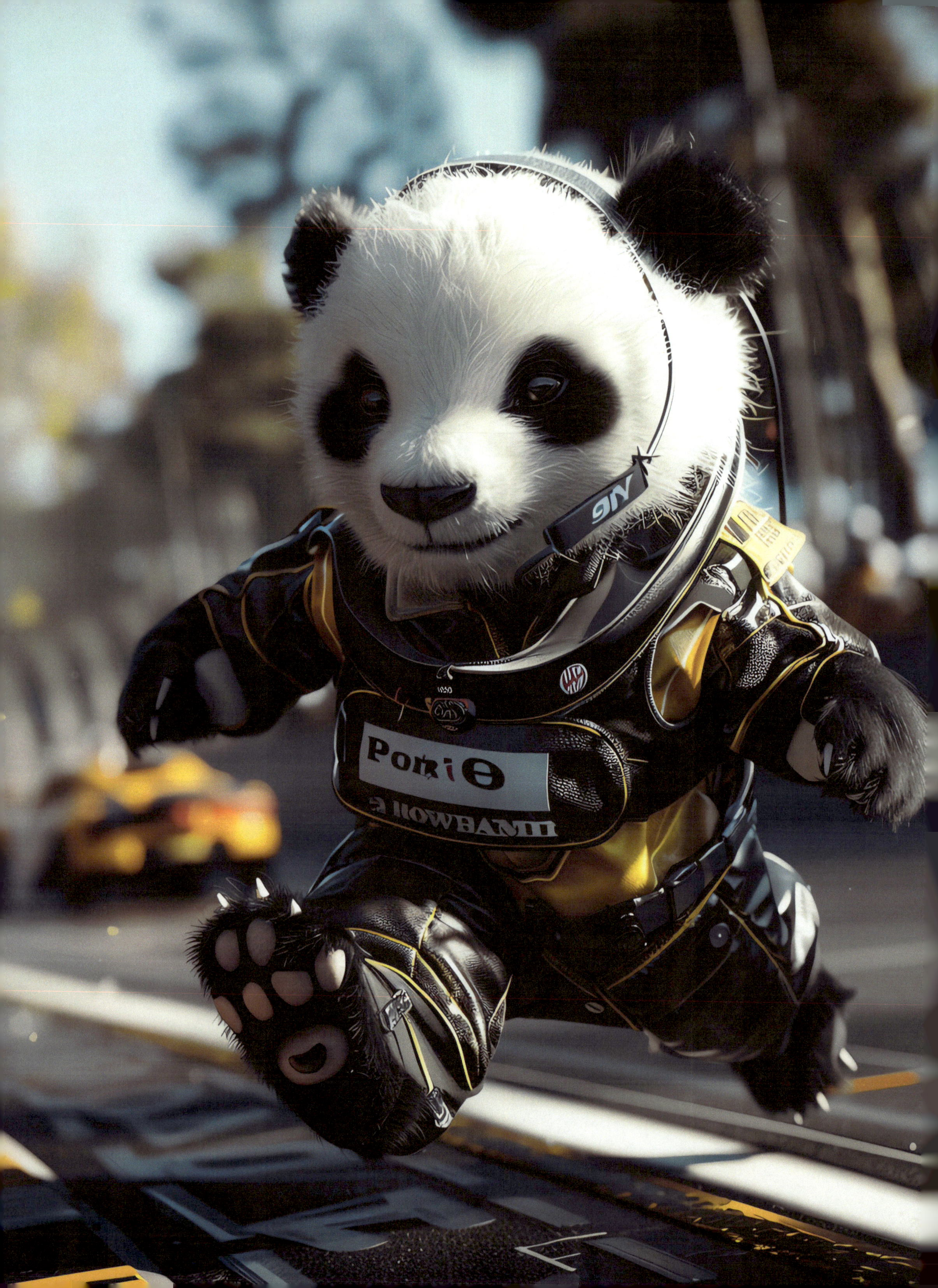

Porï θ
ROWBANT

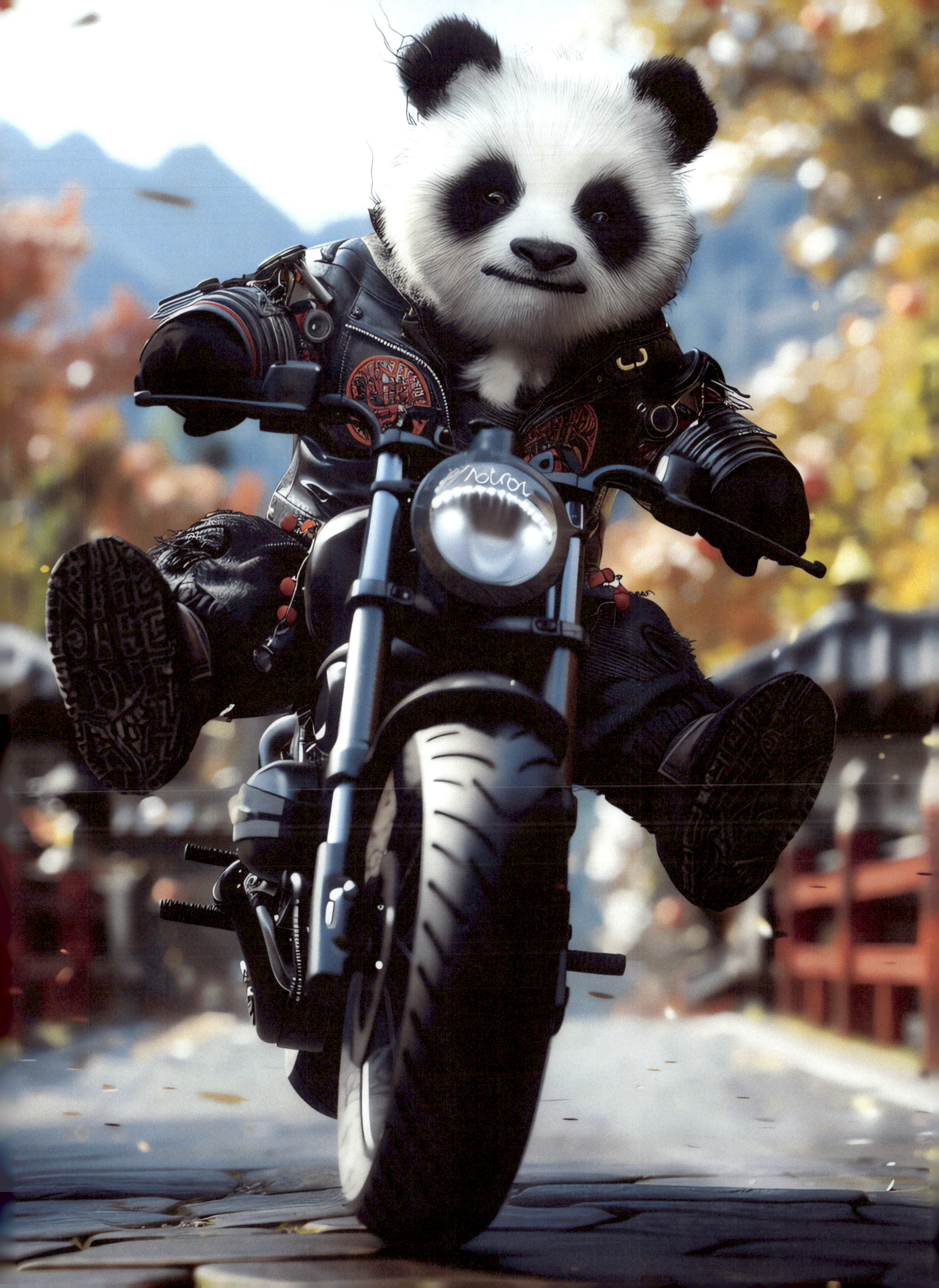

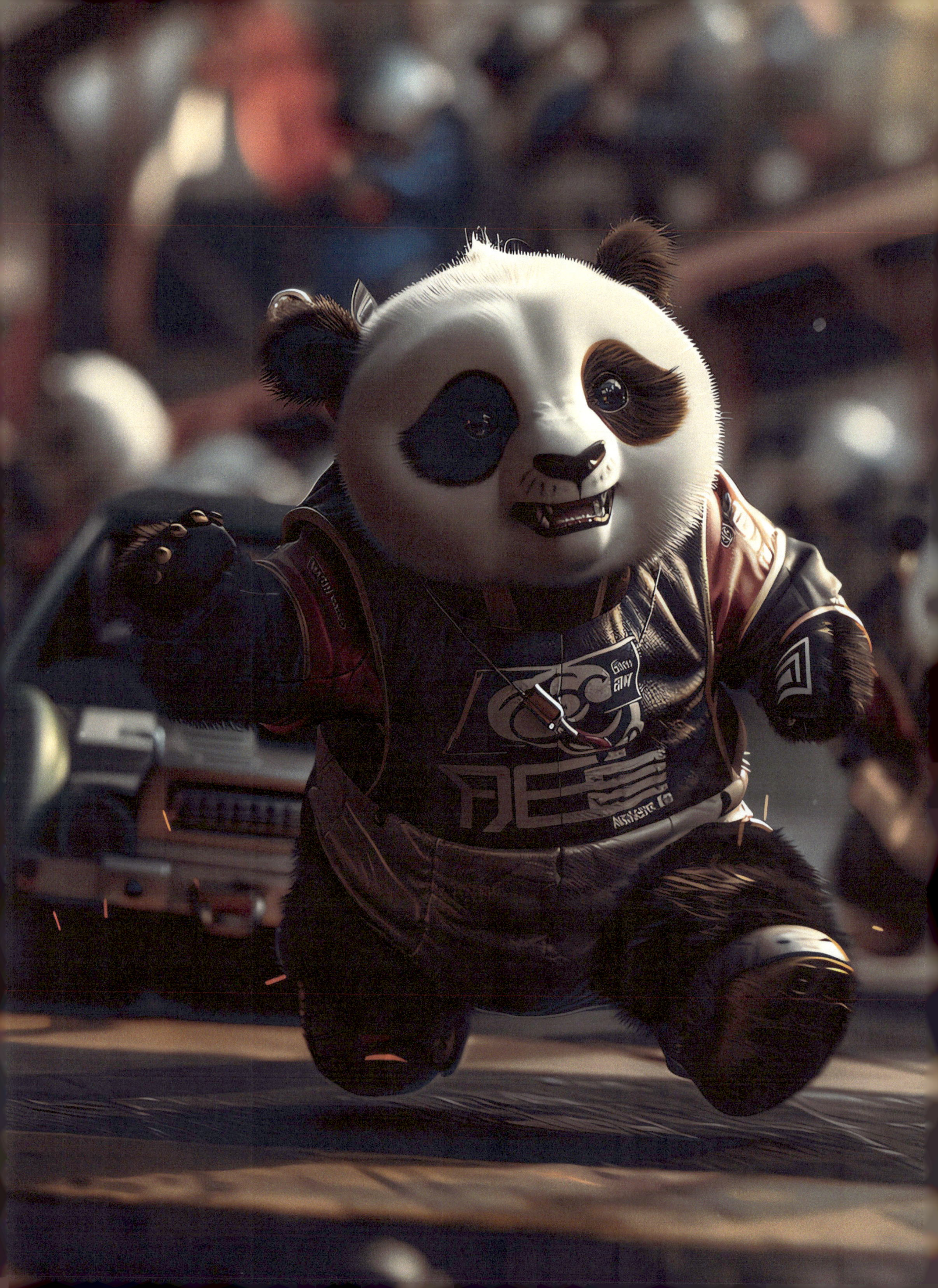

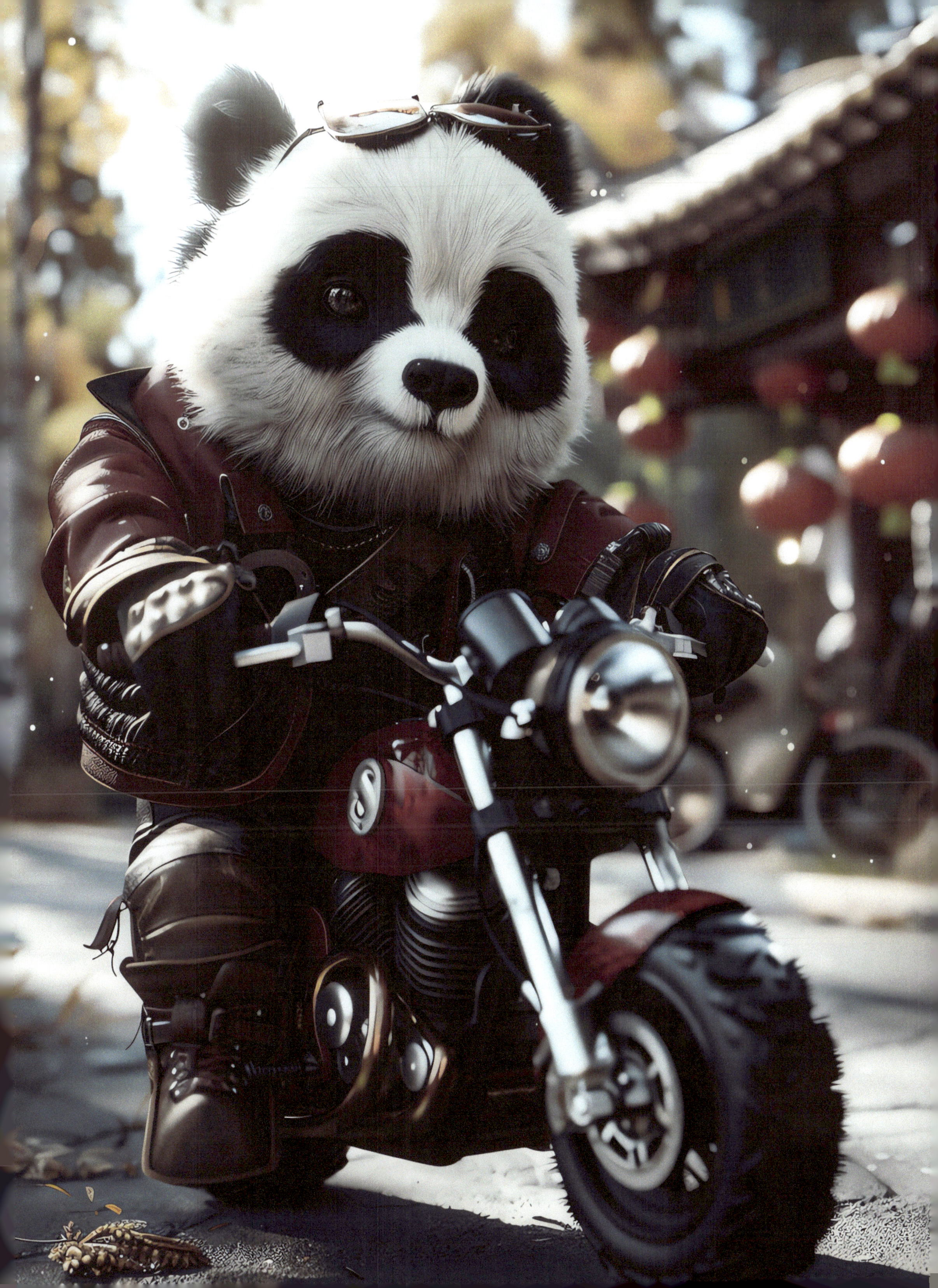

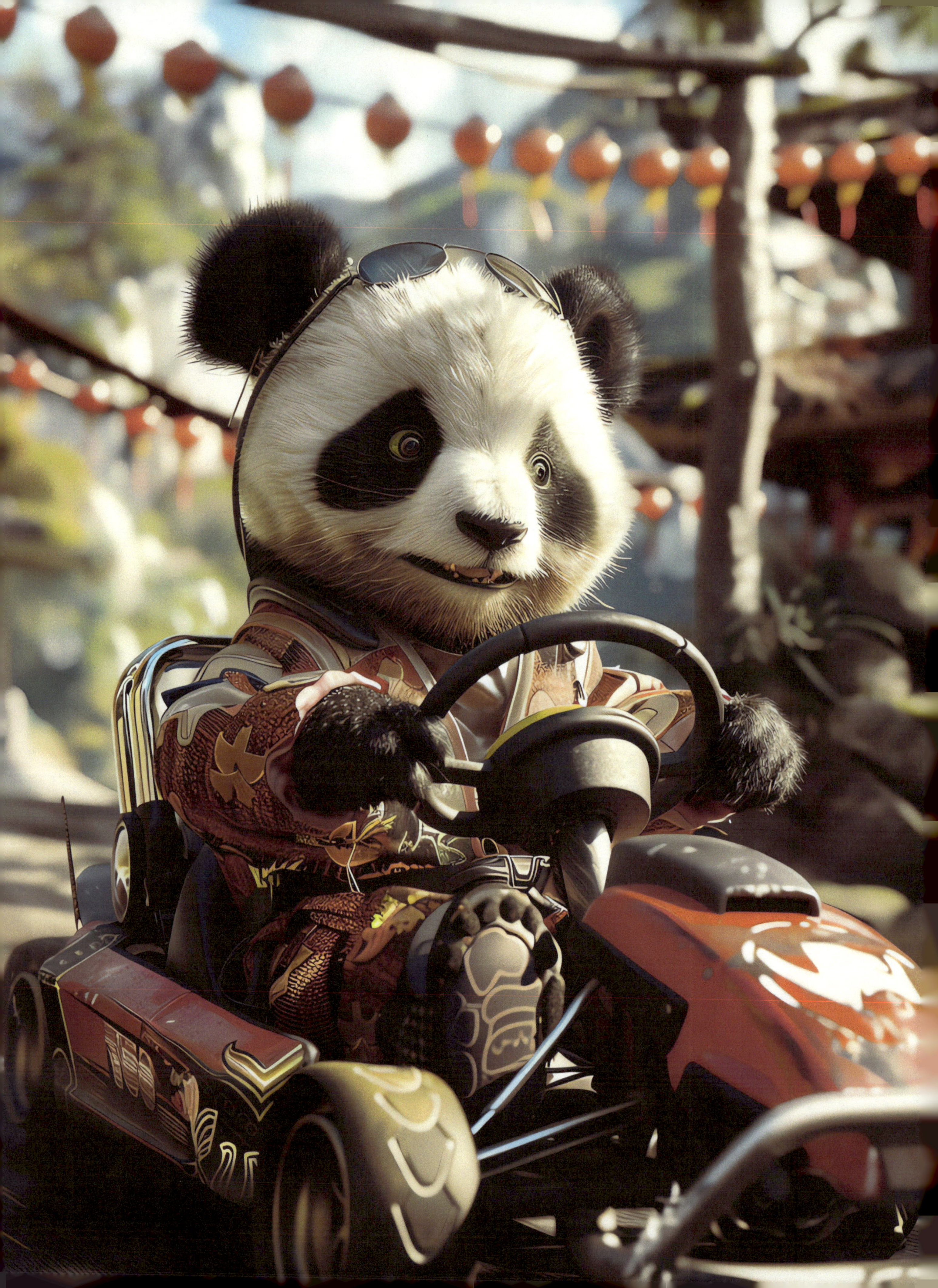

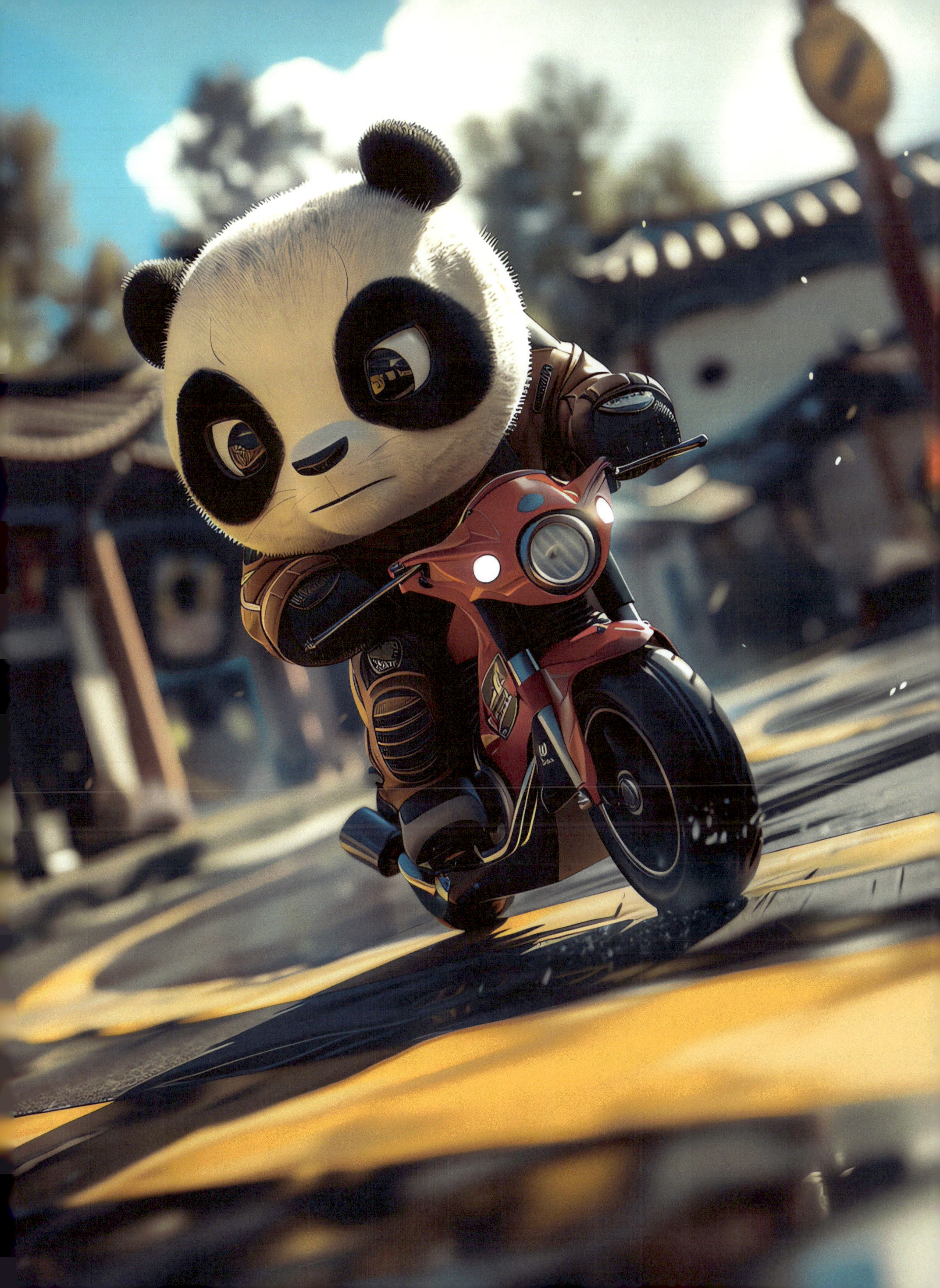

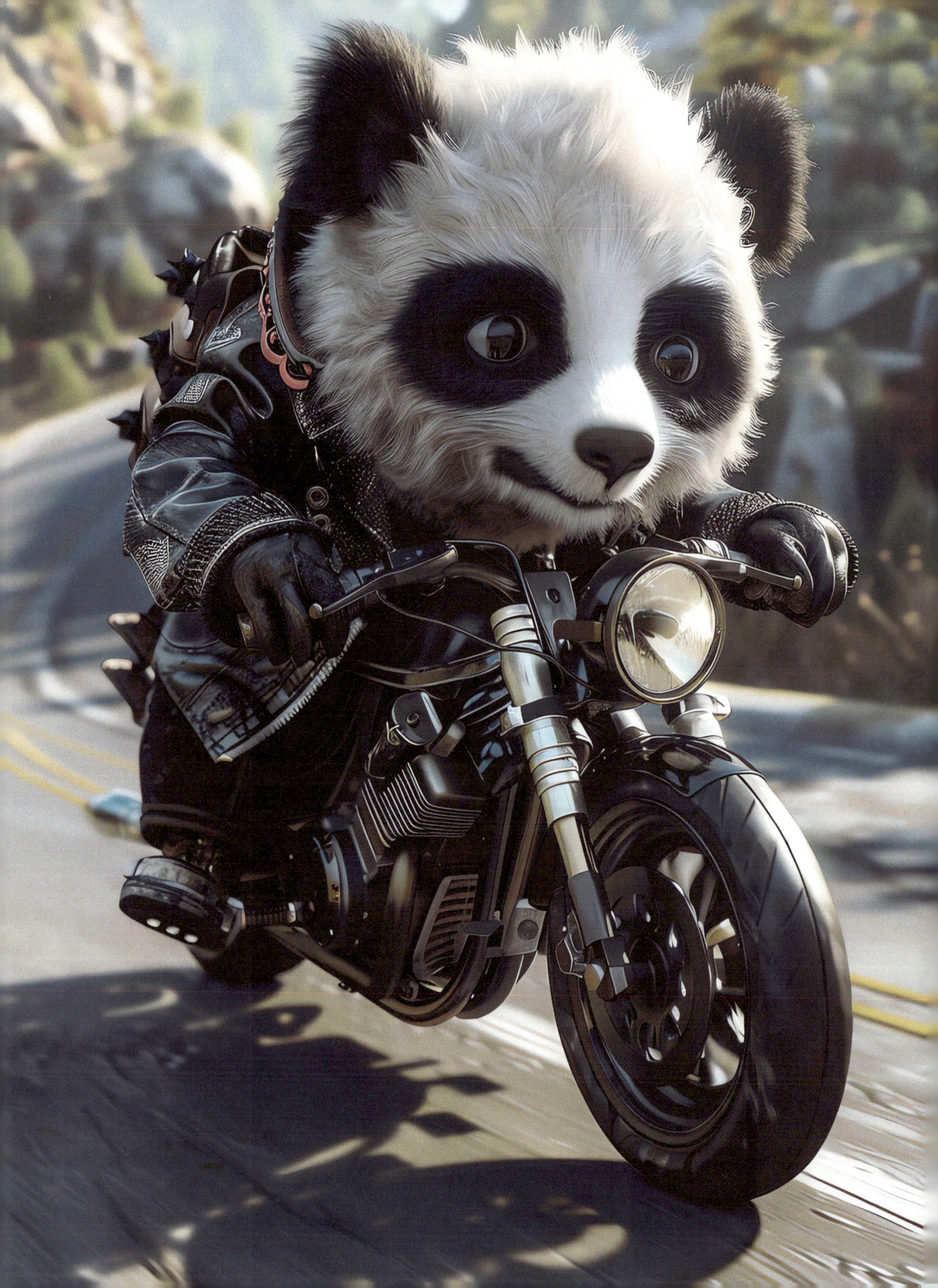

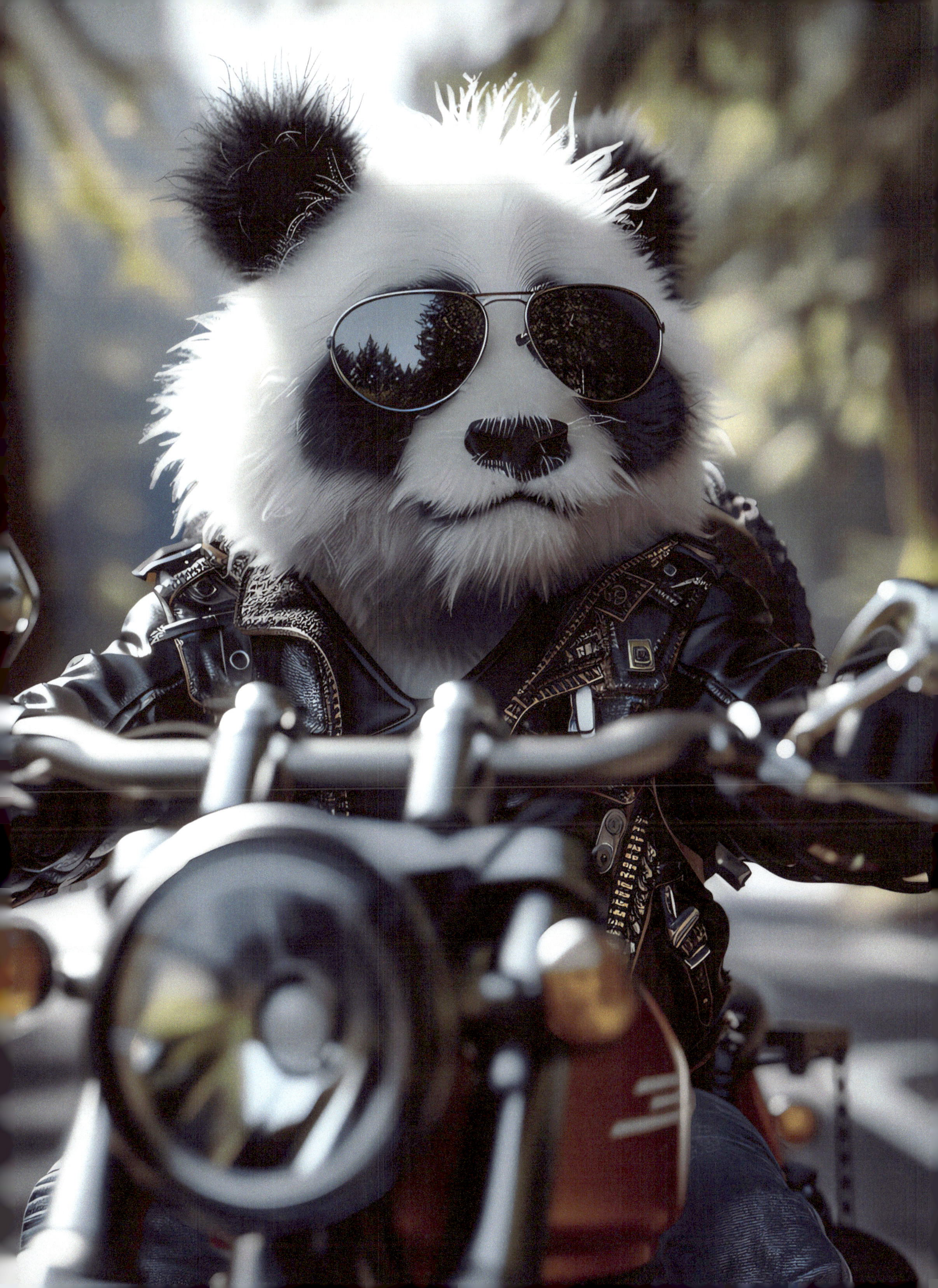

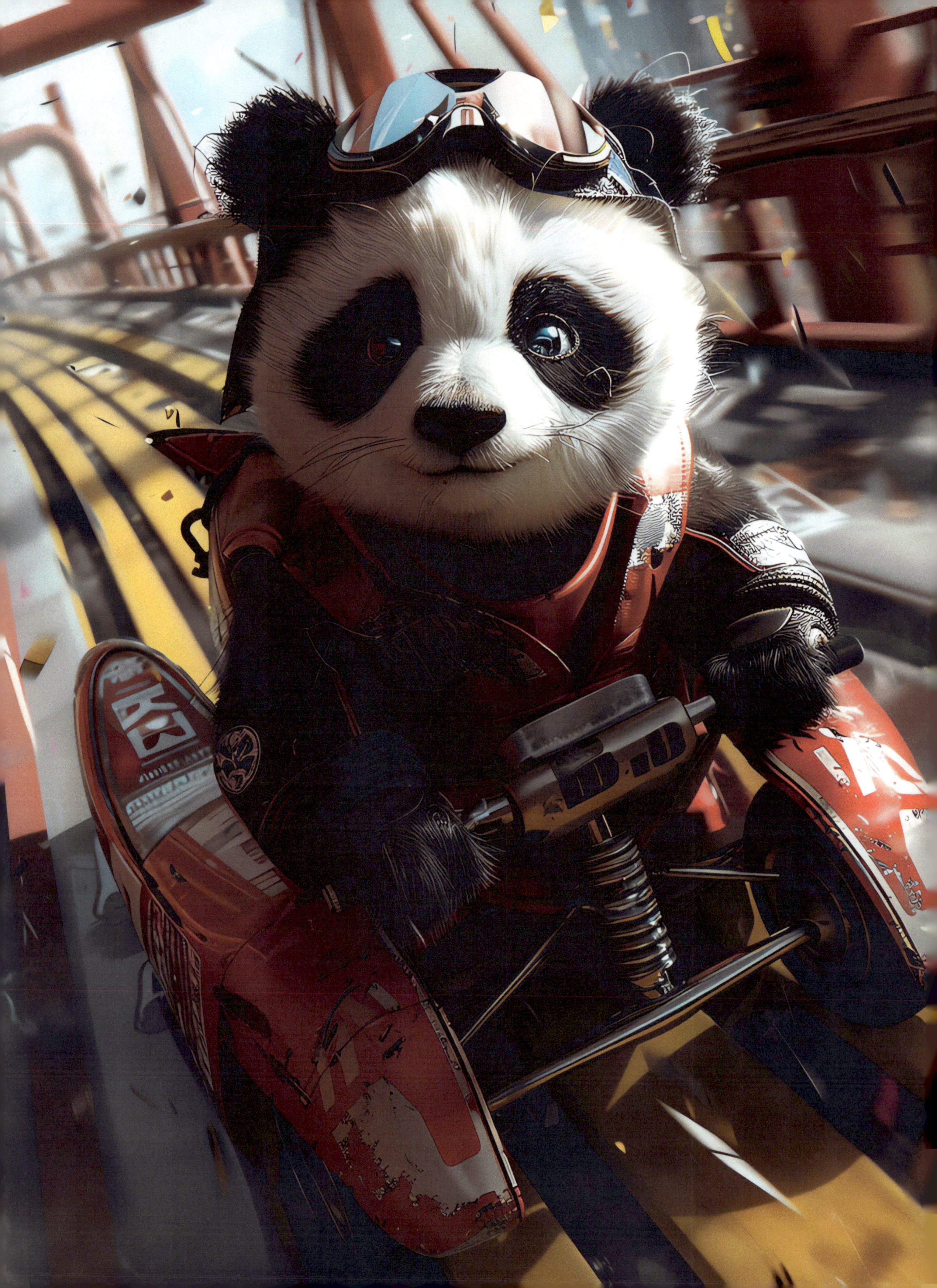

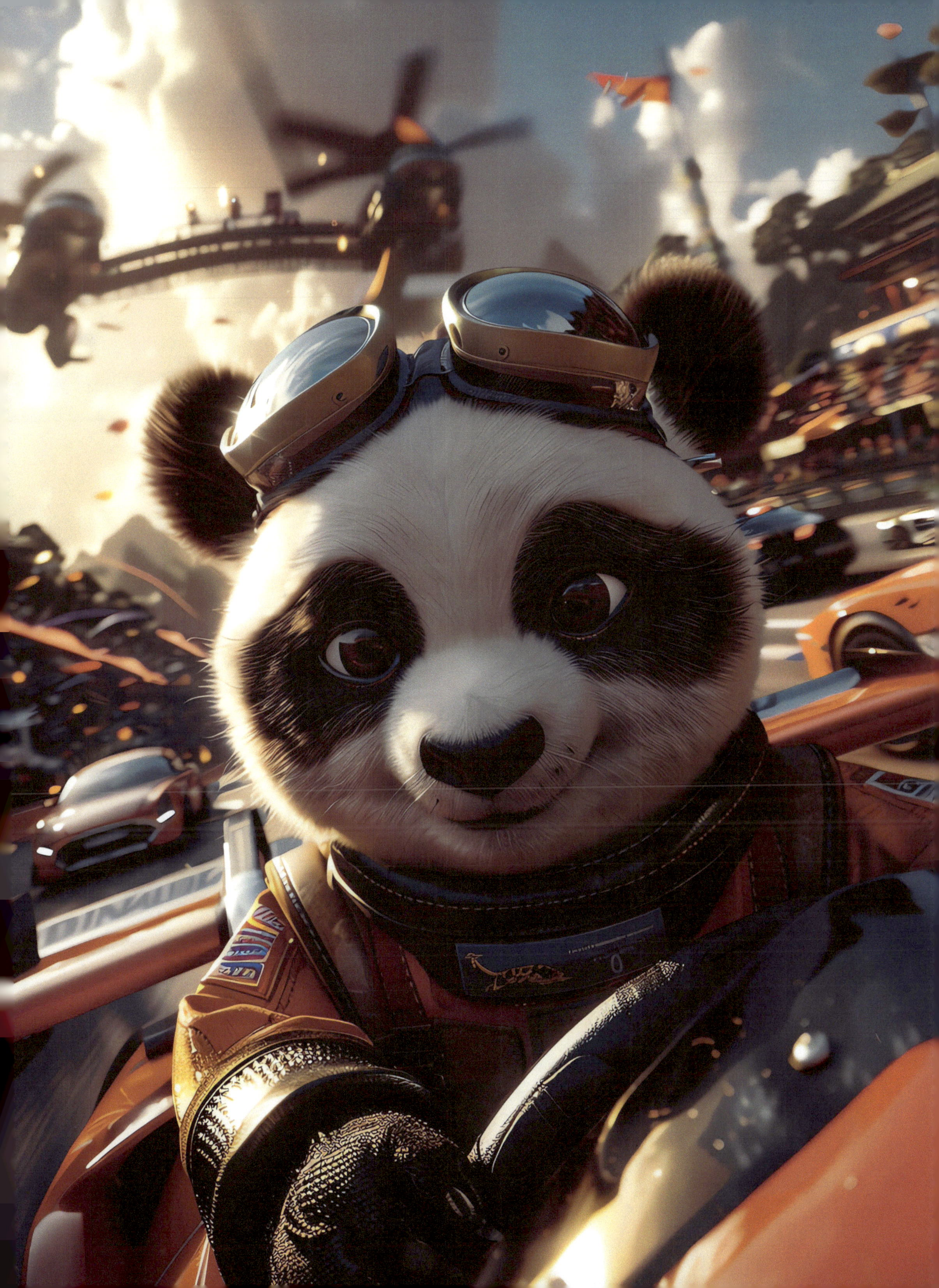

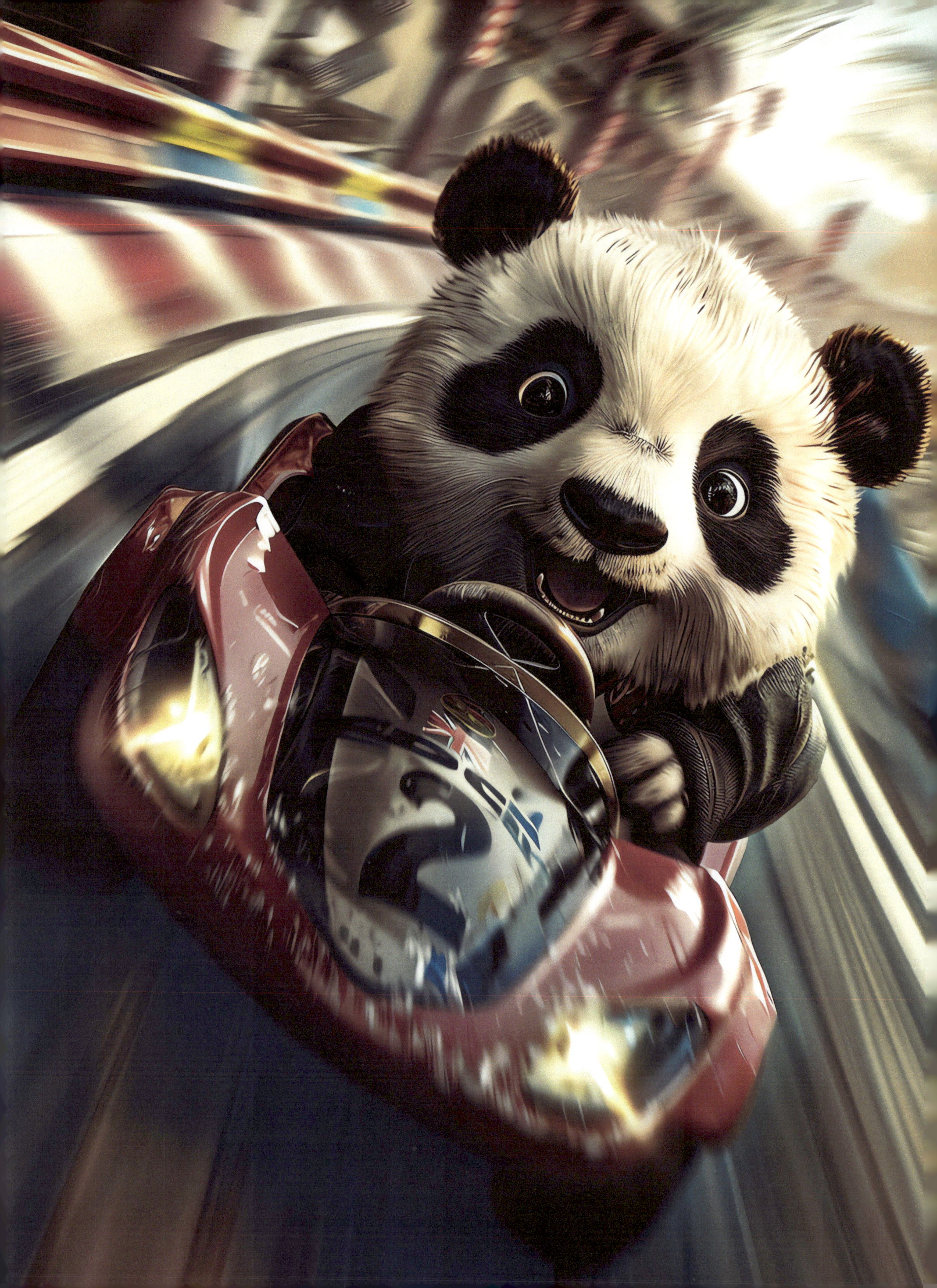

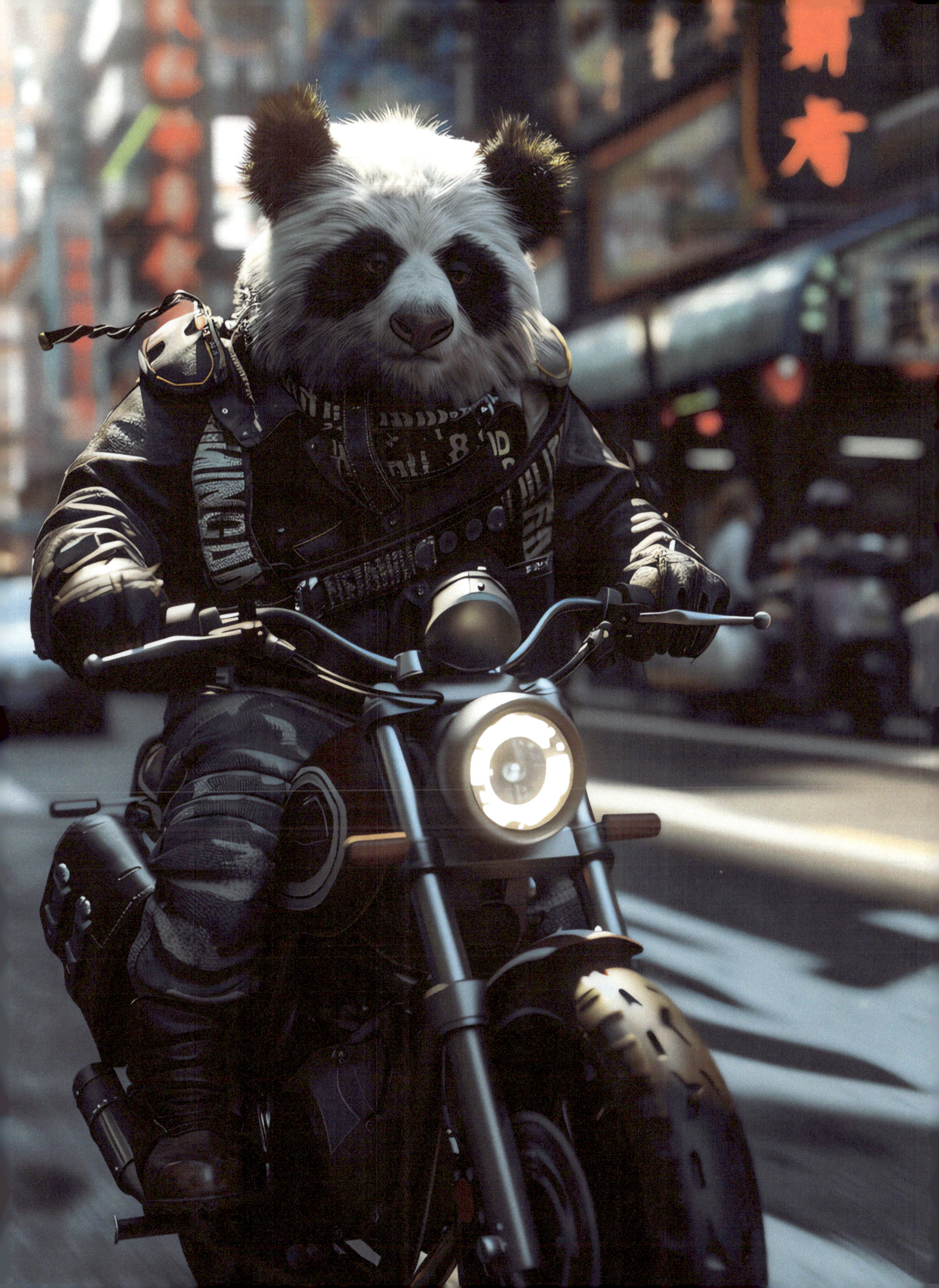

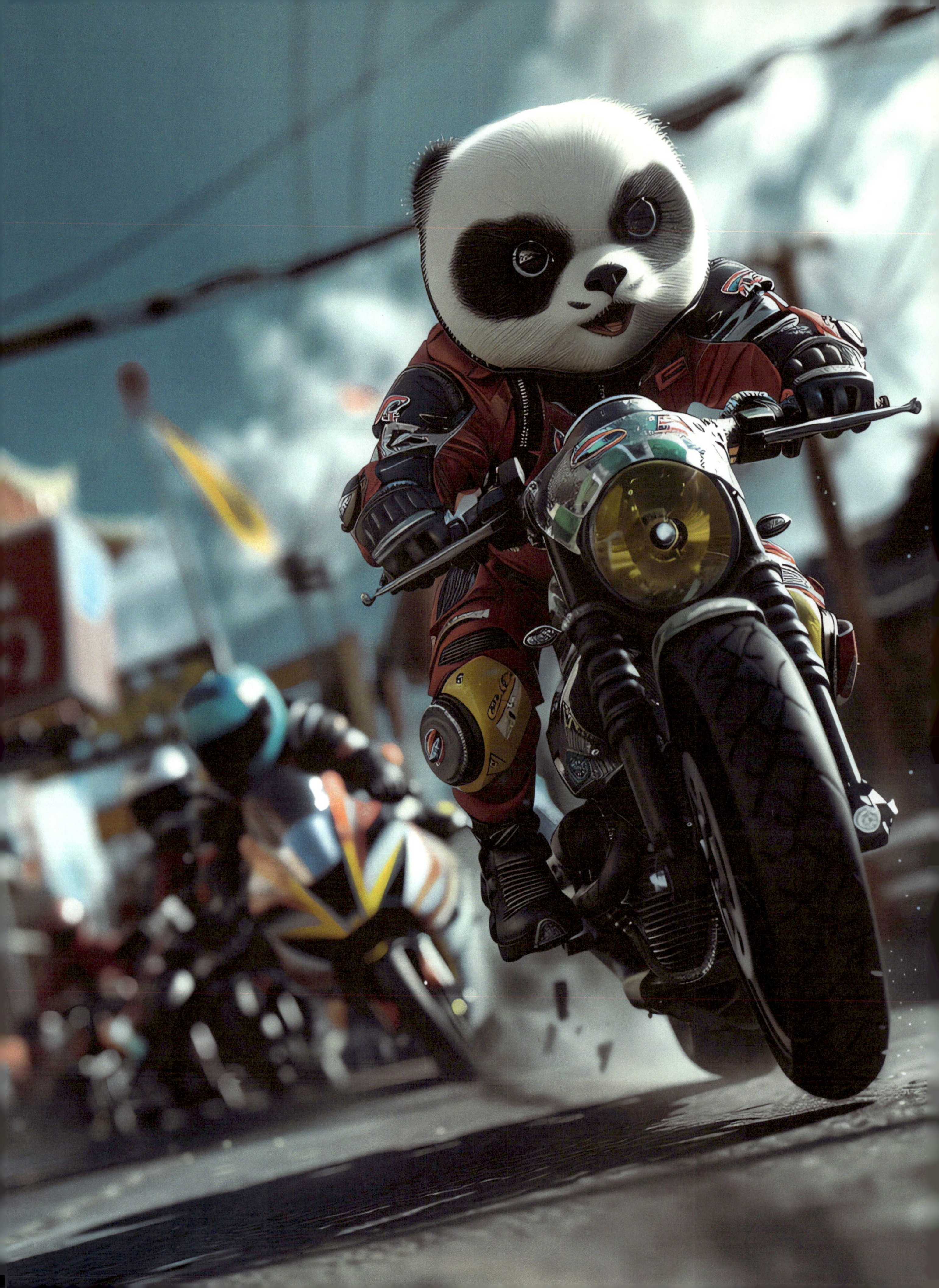

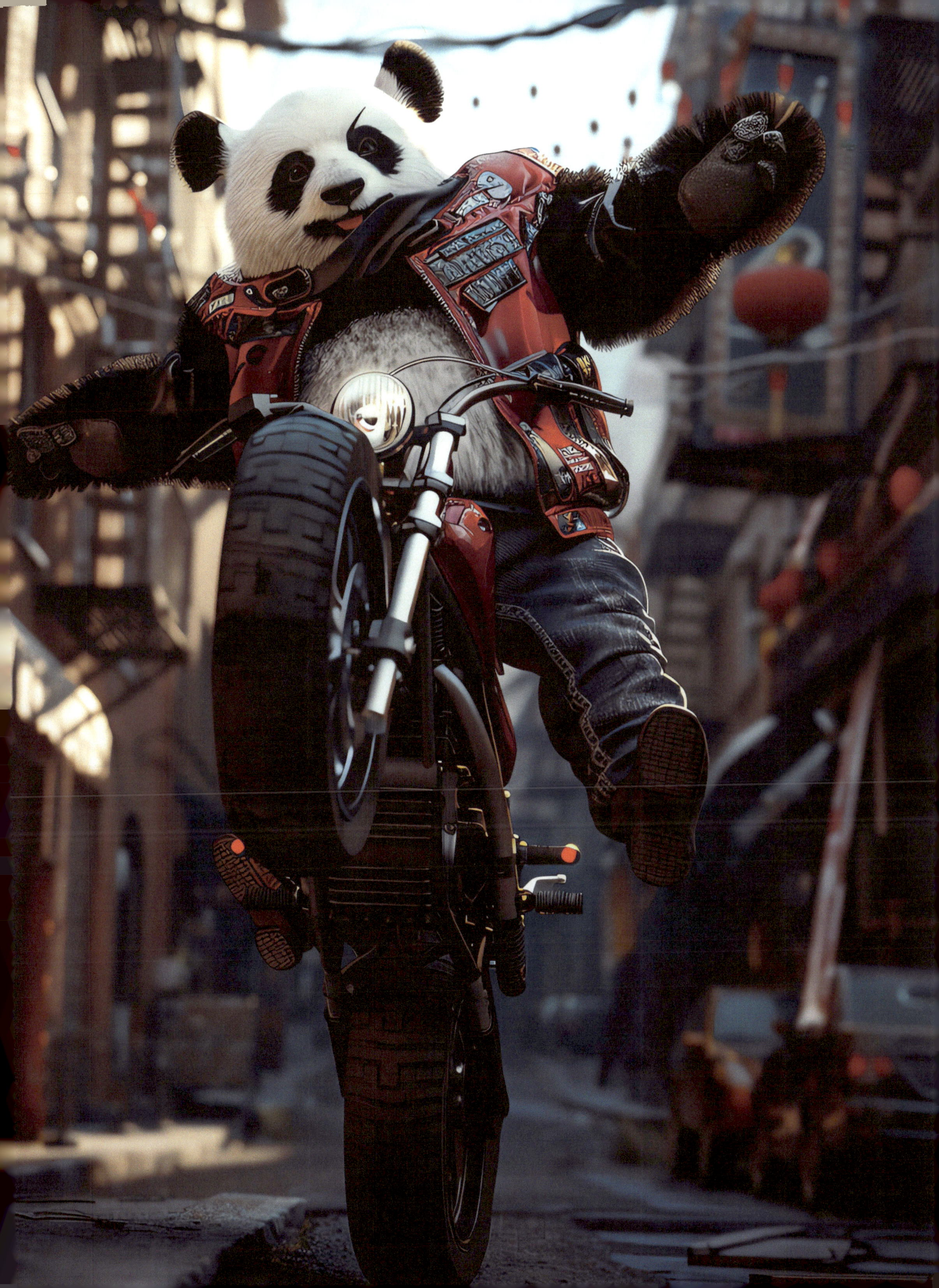

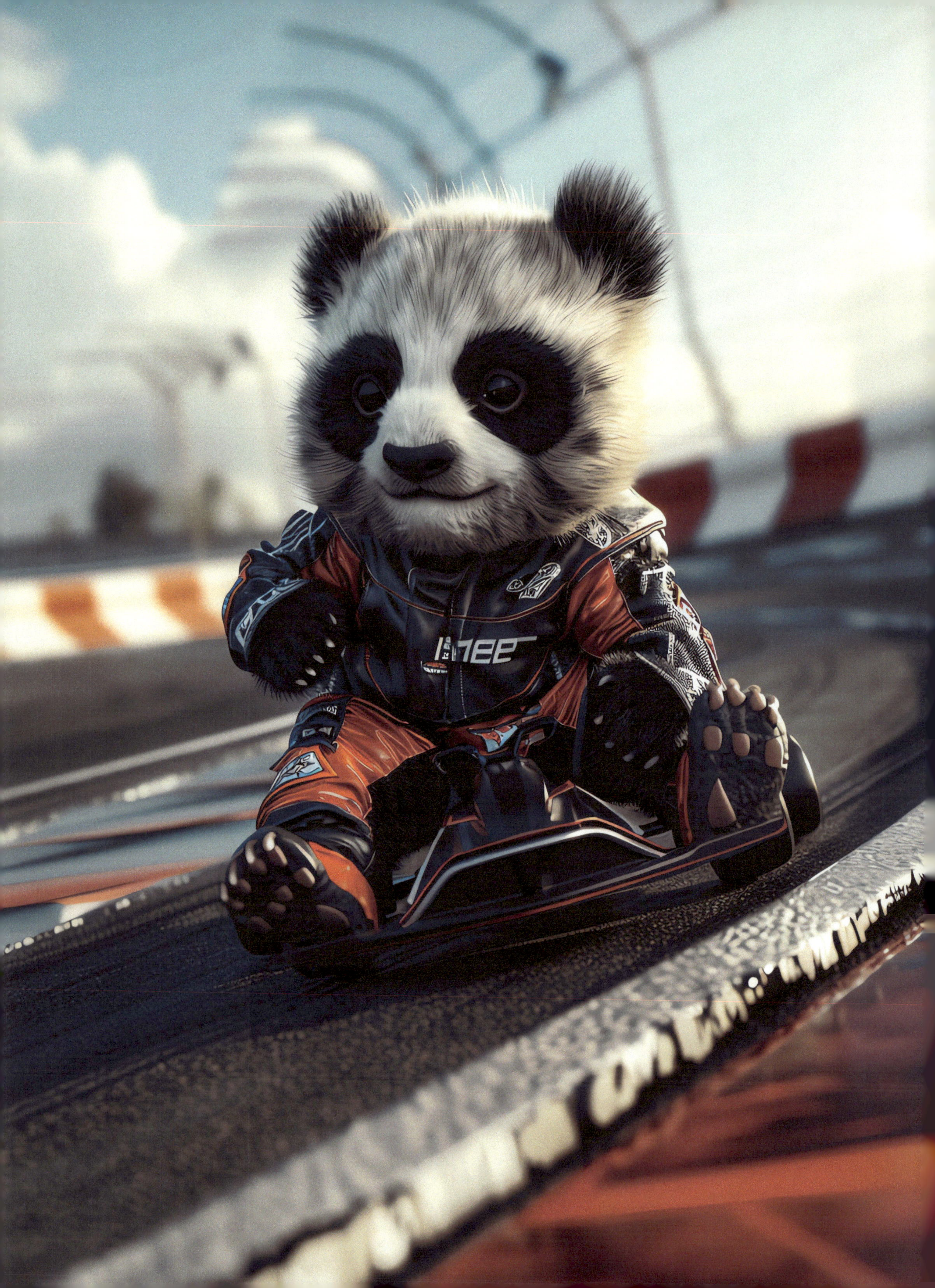

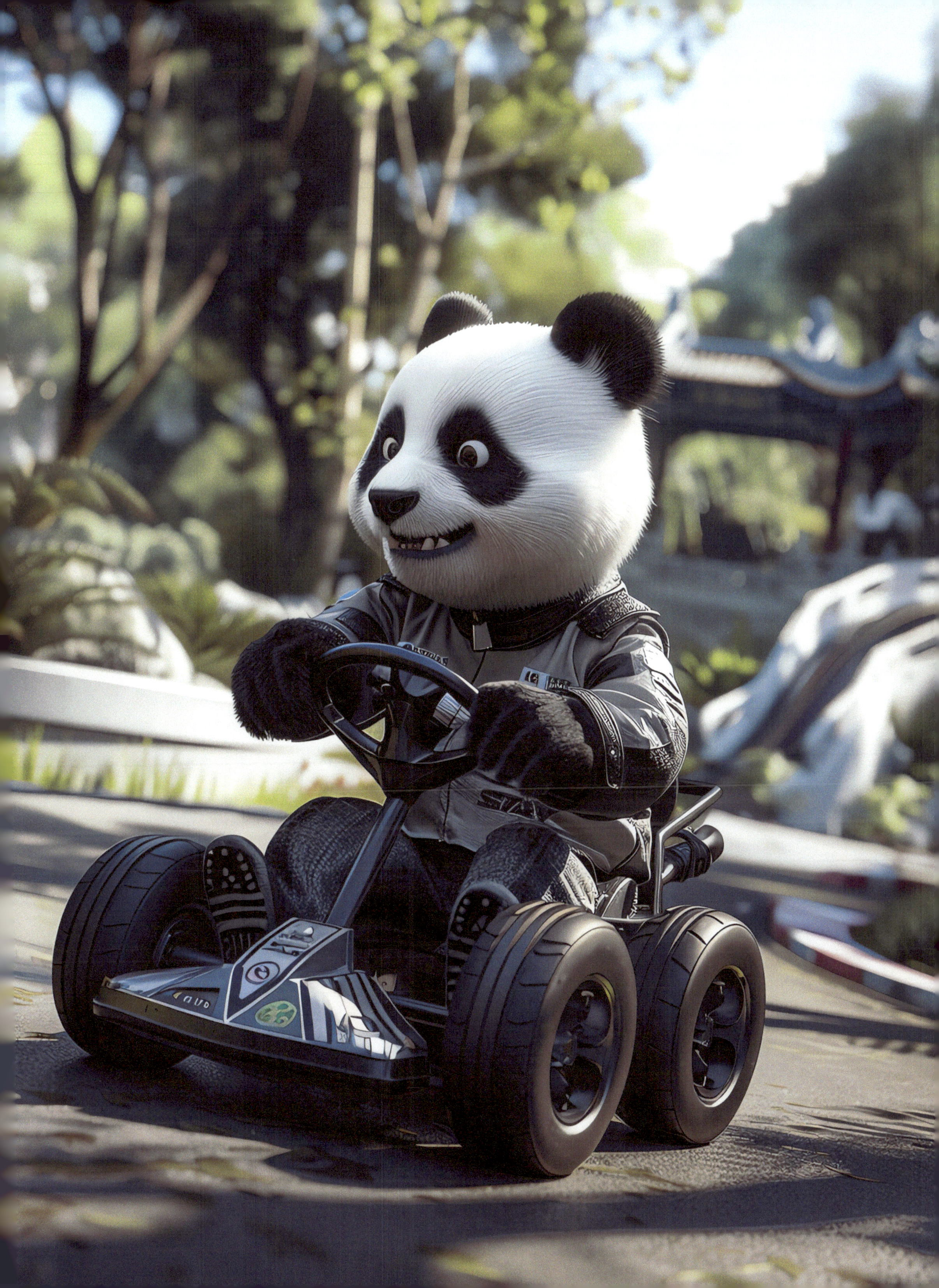

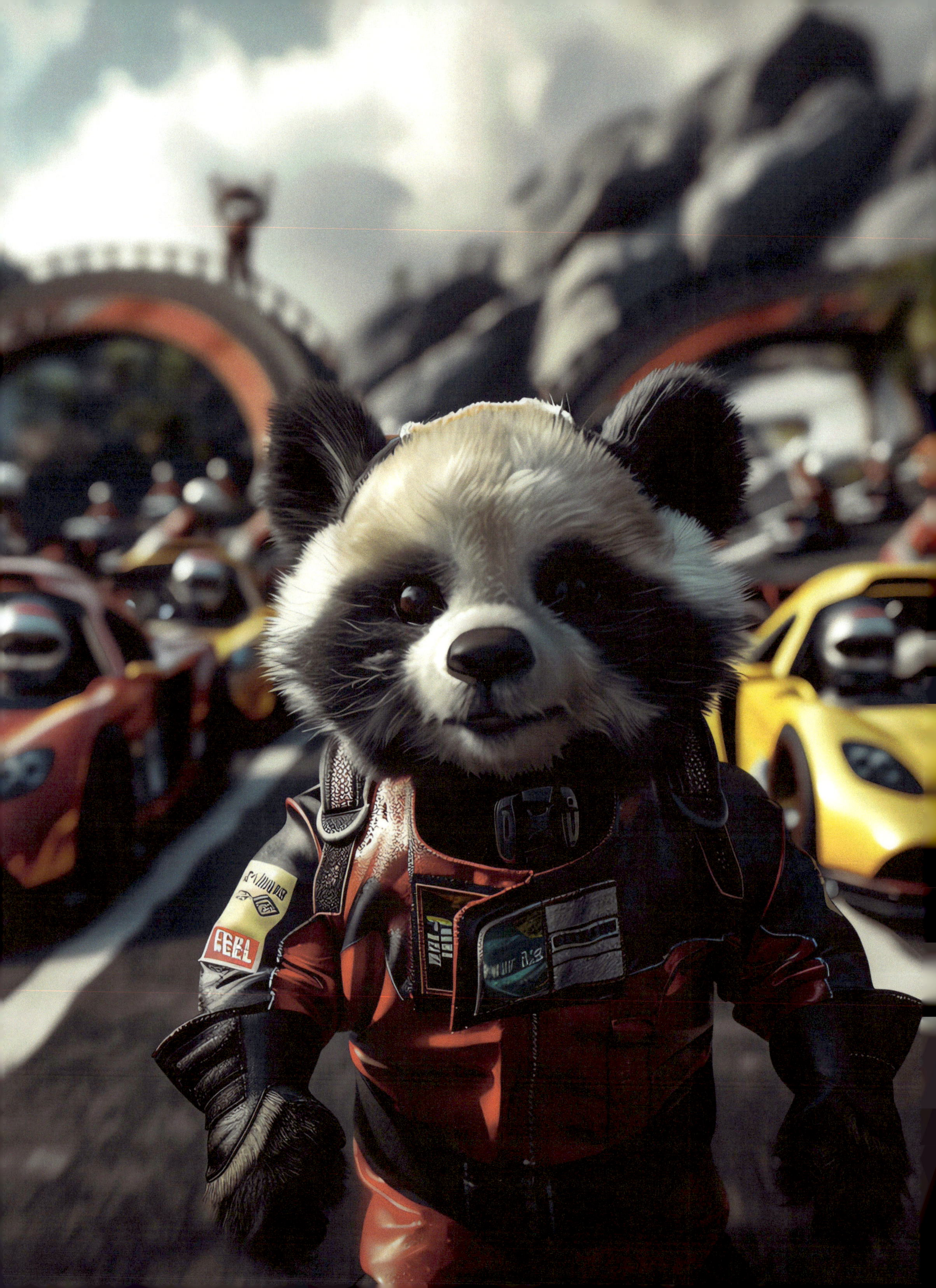

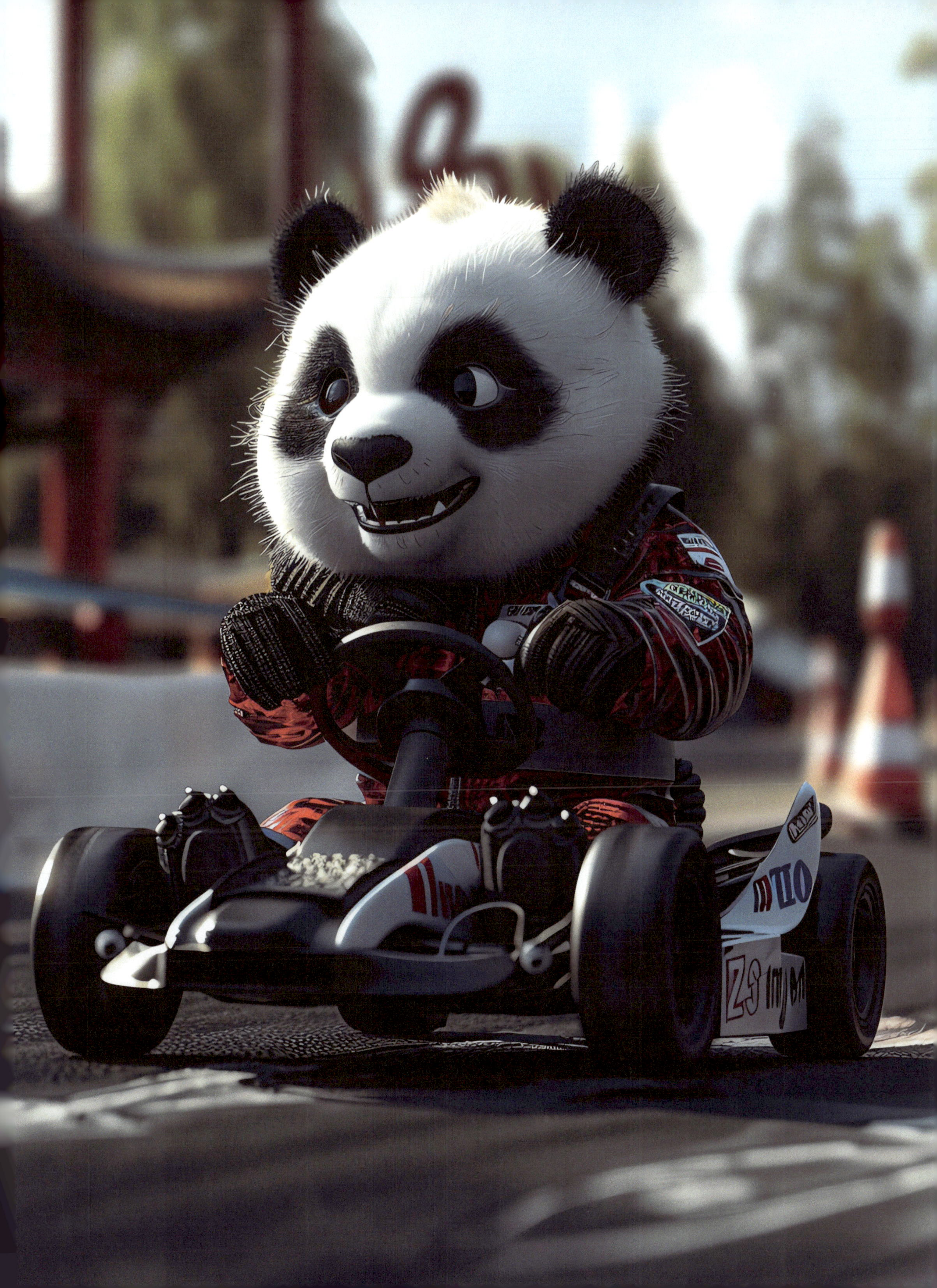

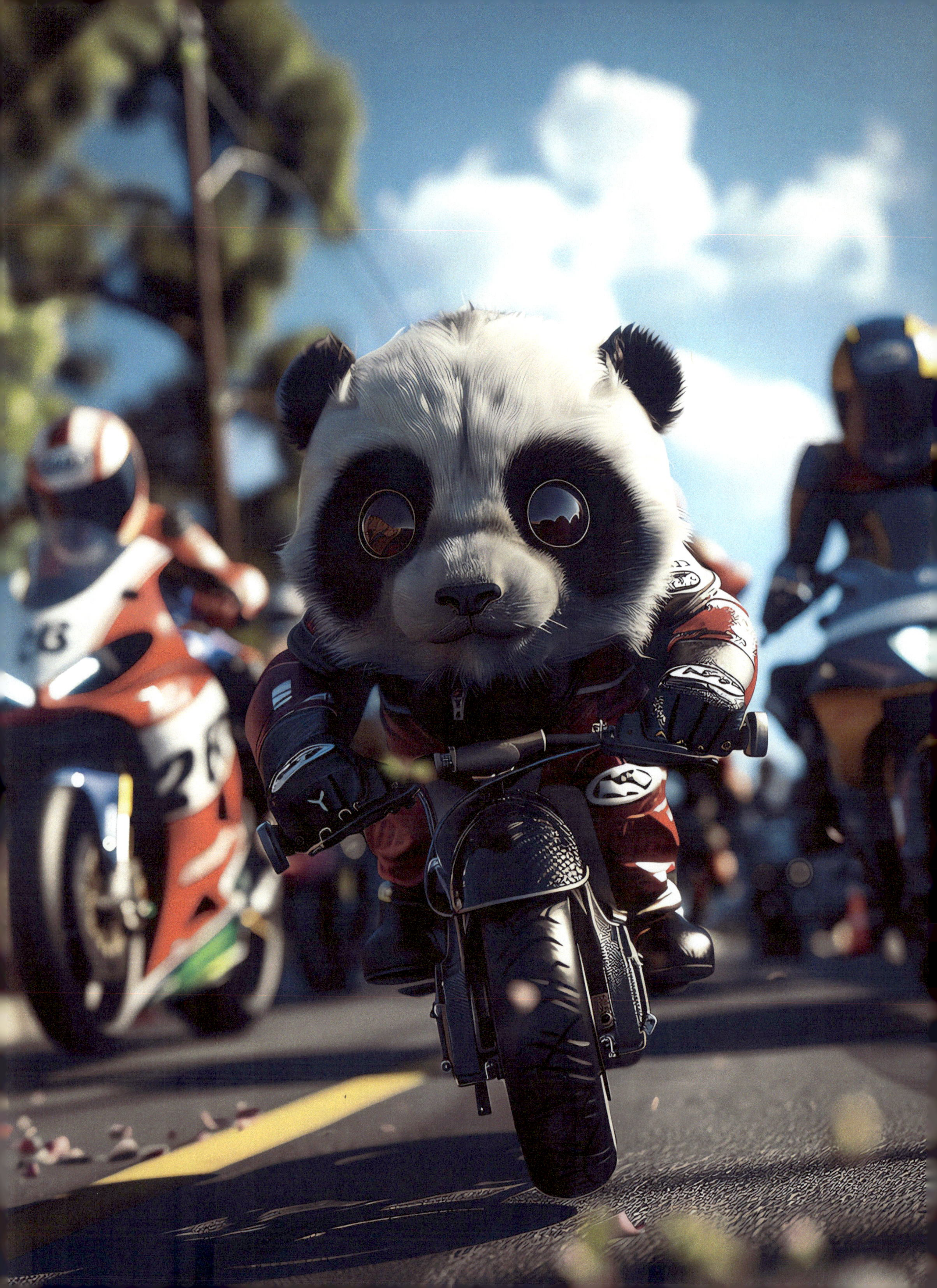

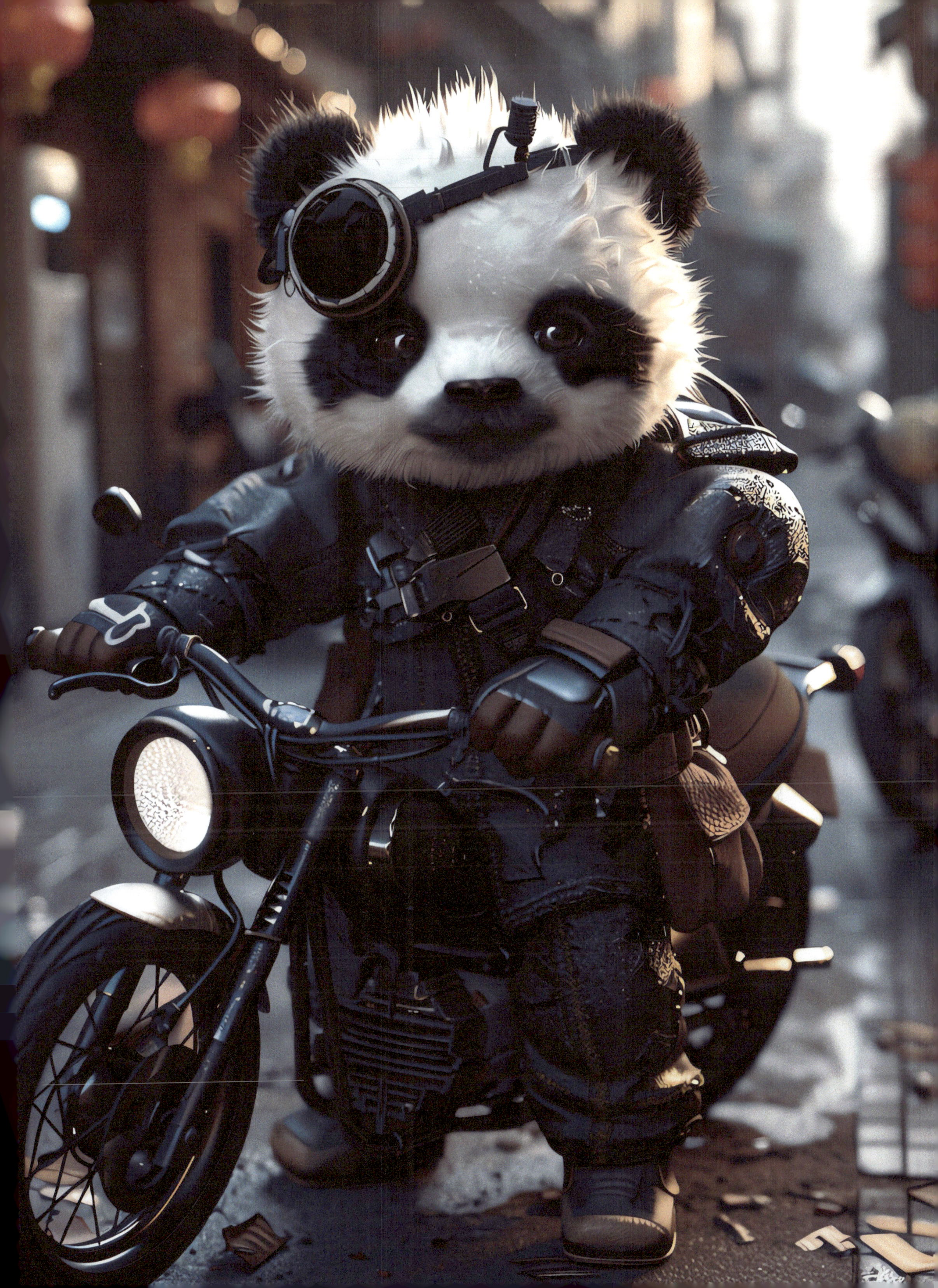

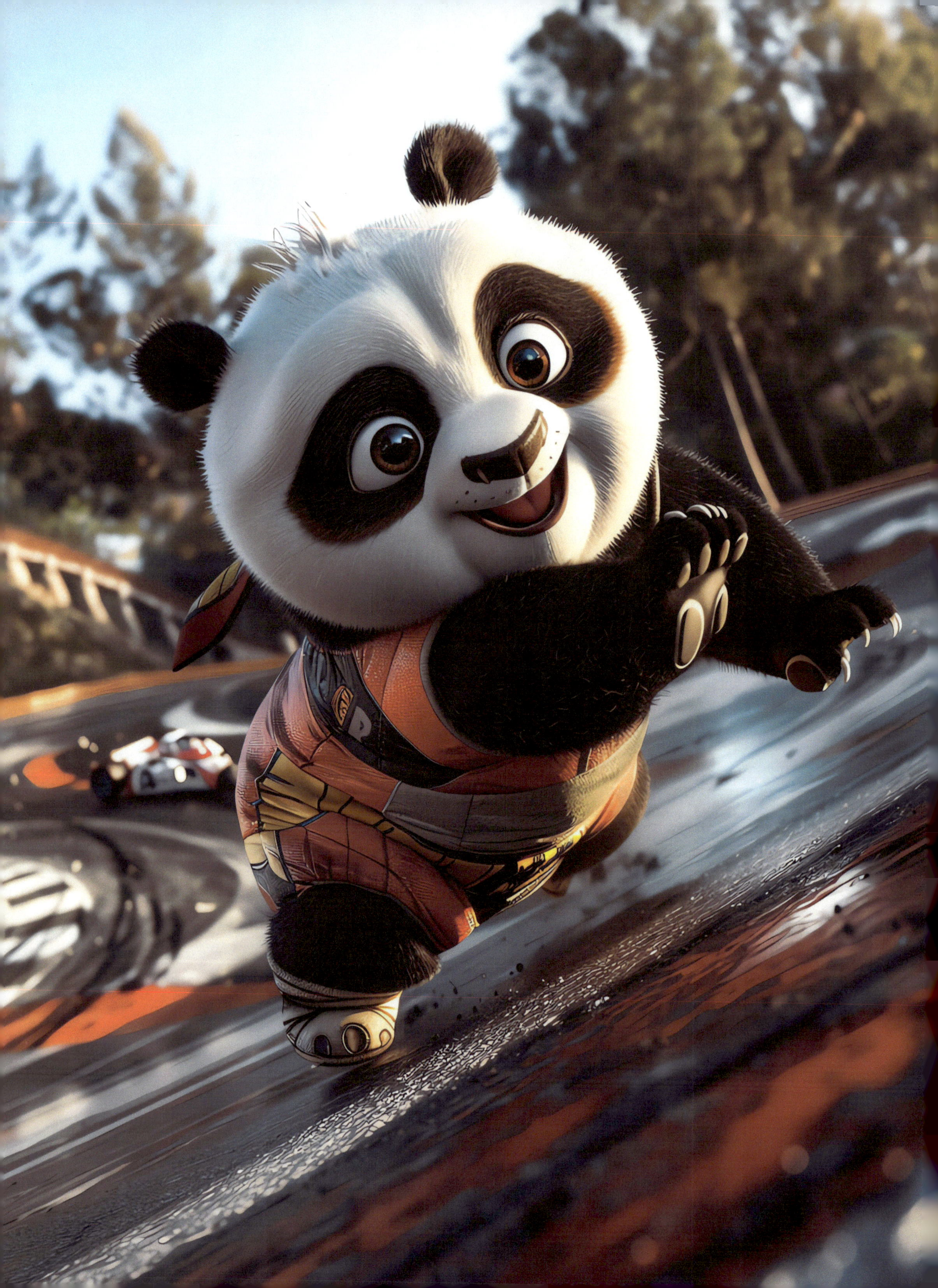

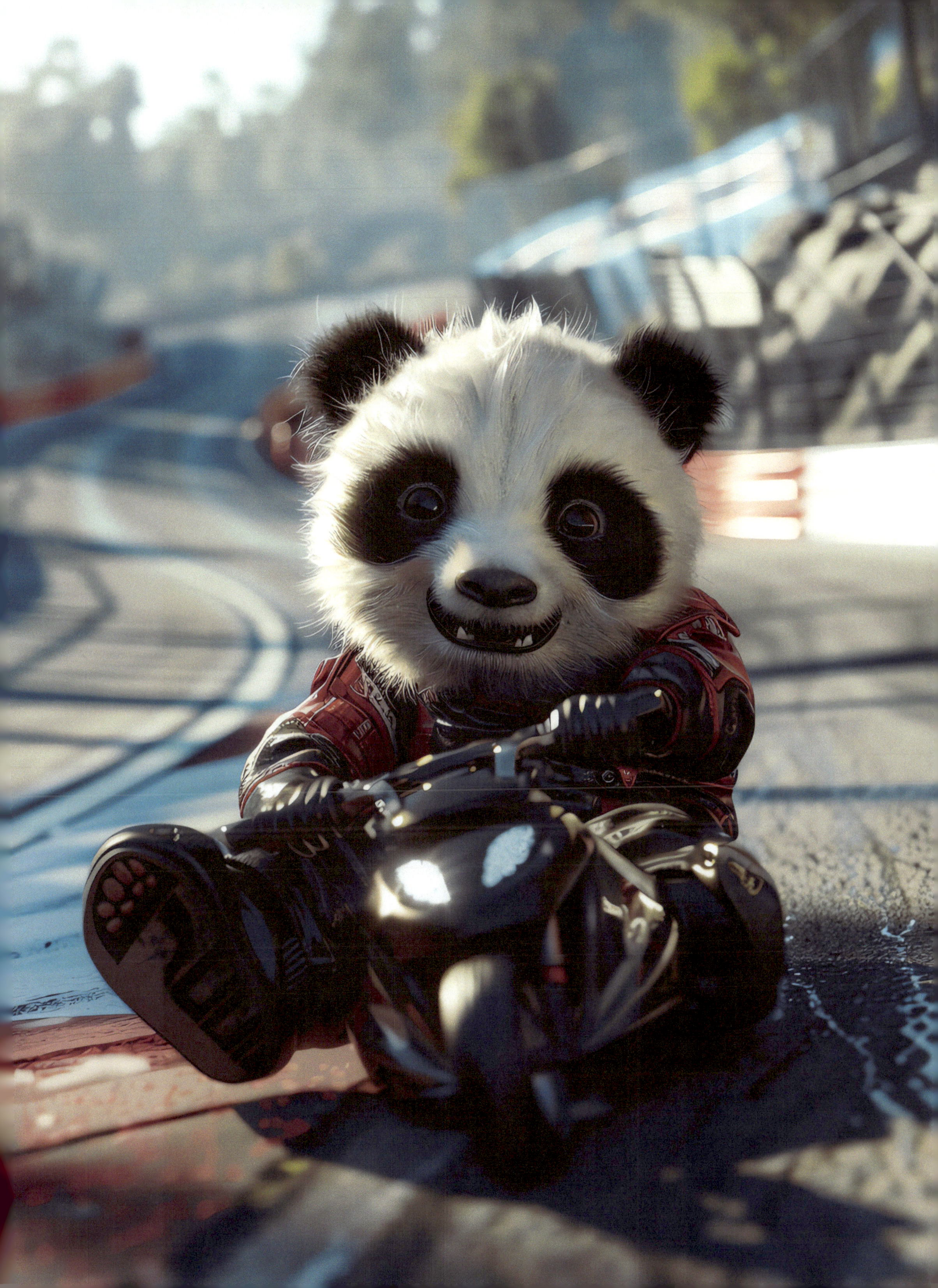

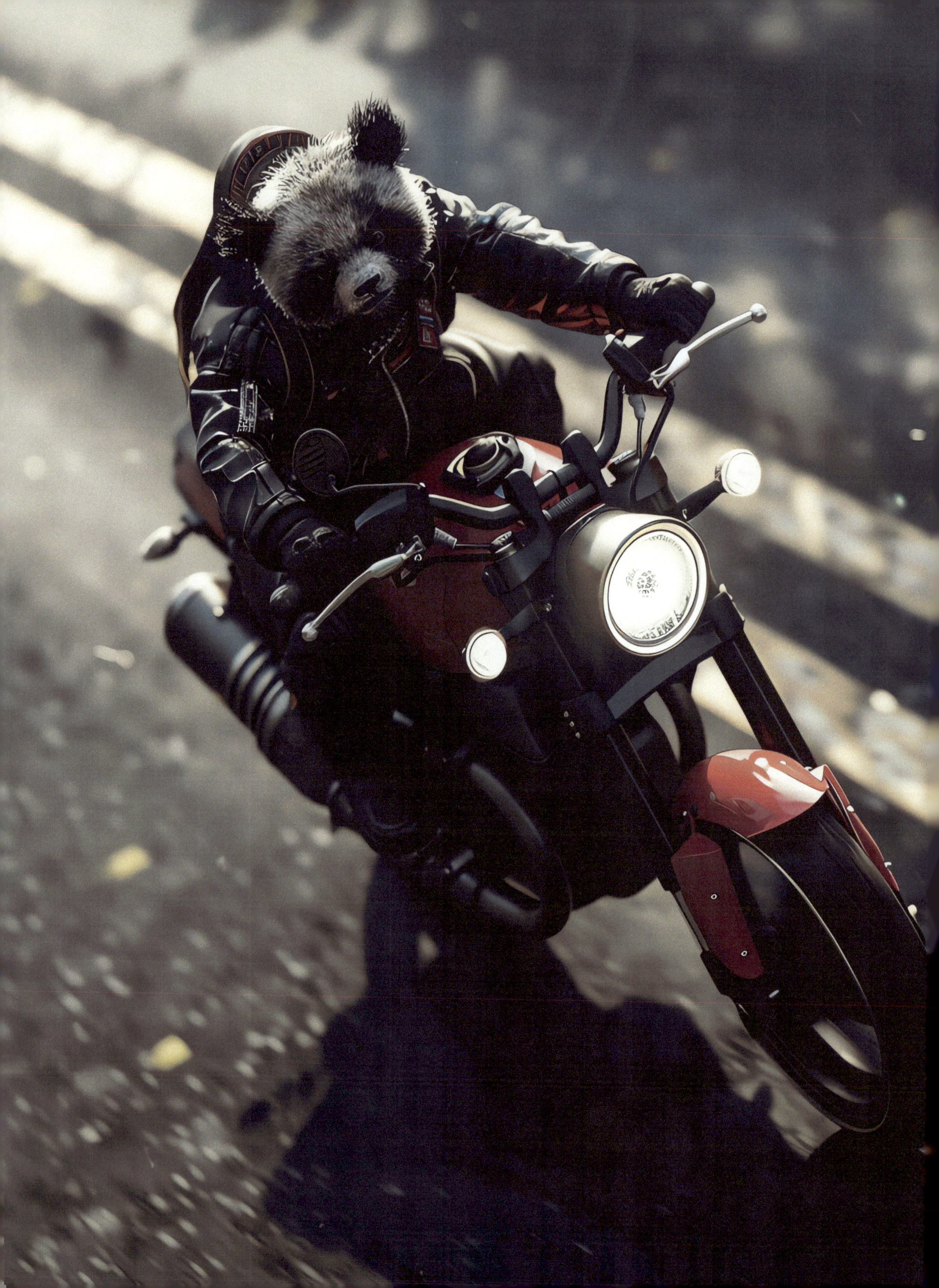

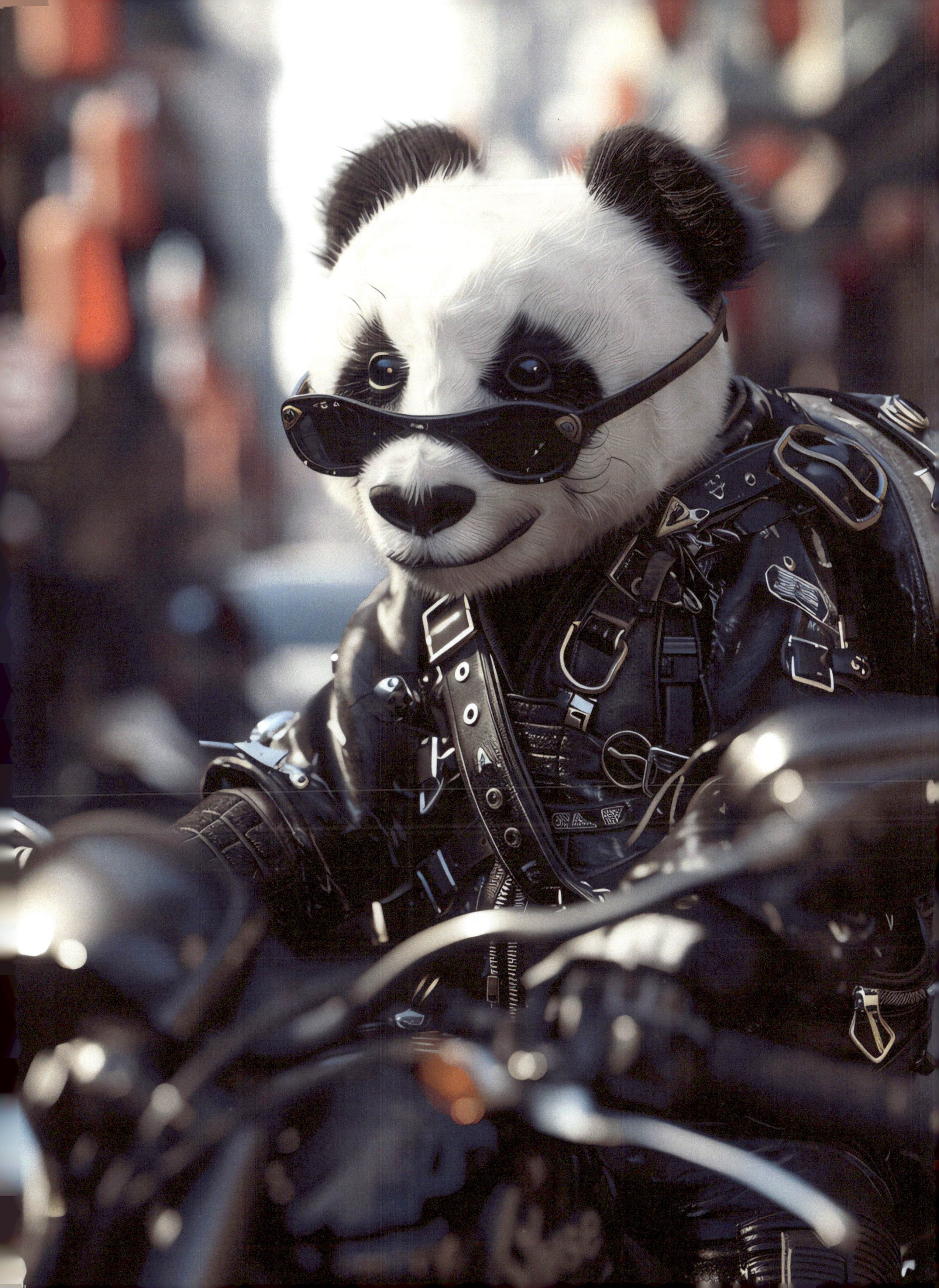

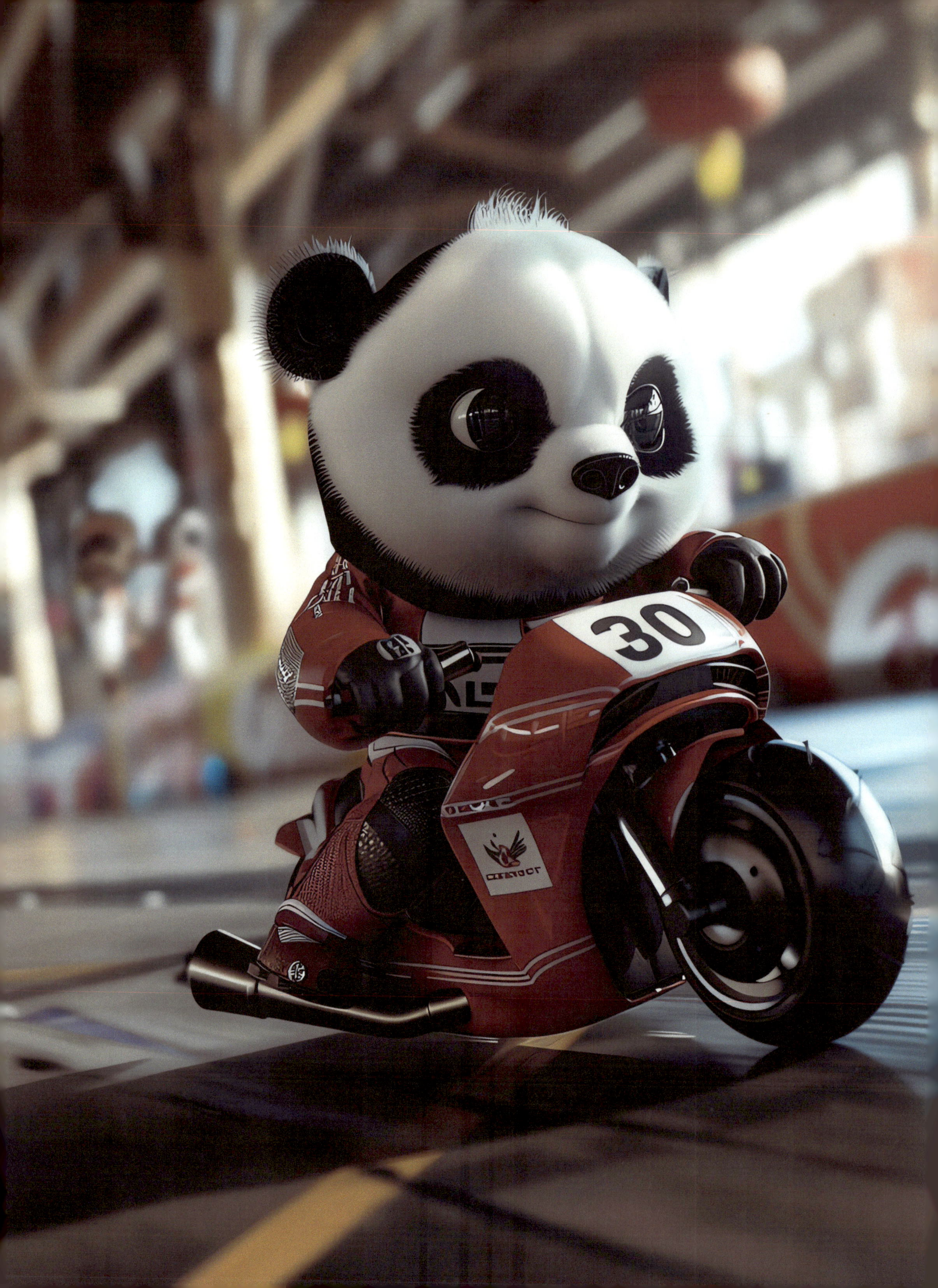

30

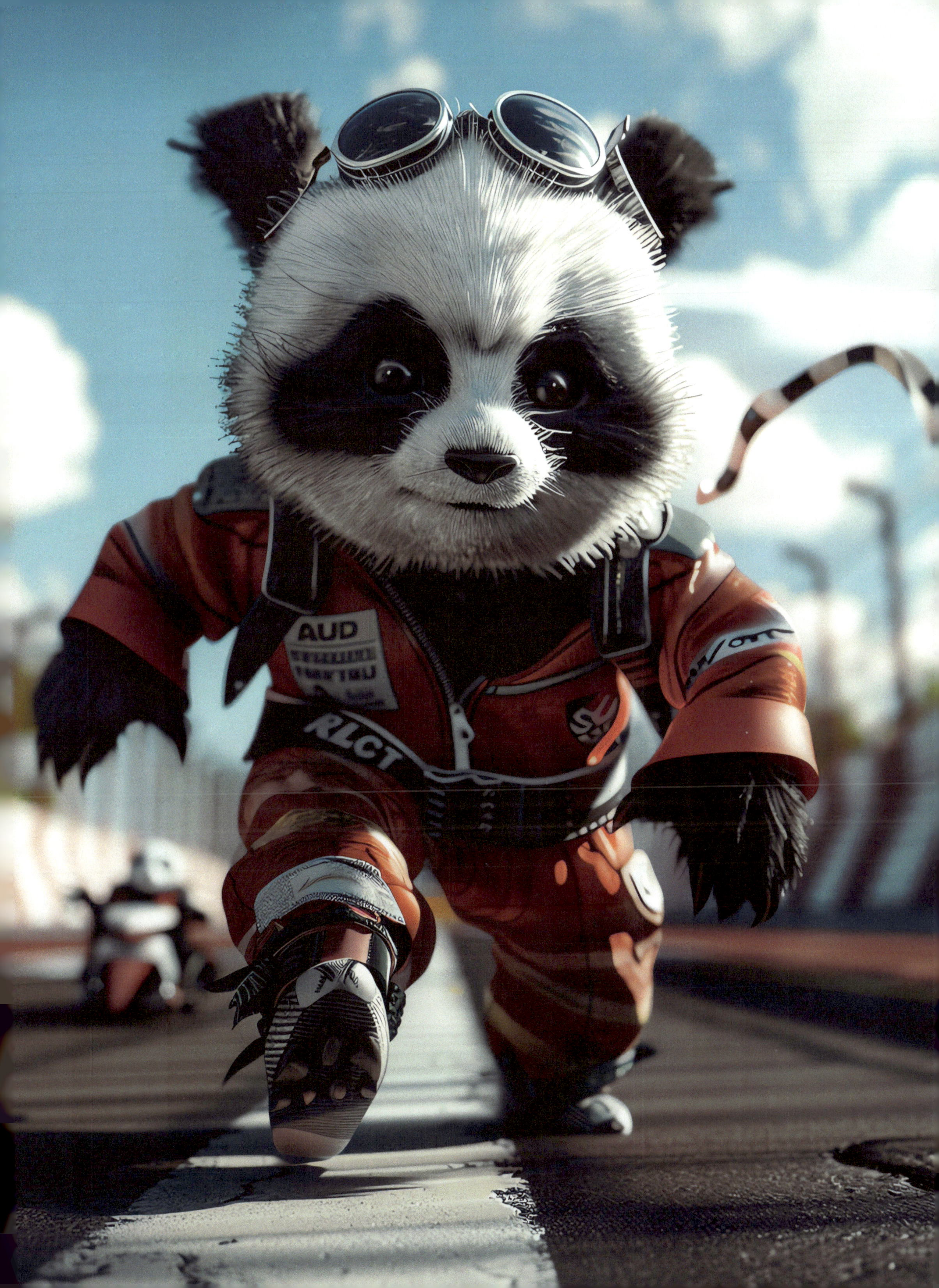
AUD
RLCT

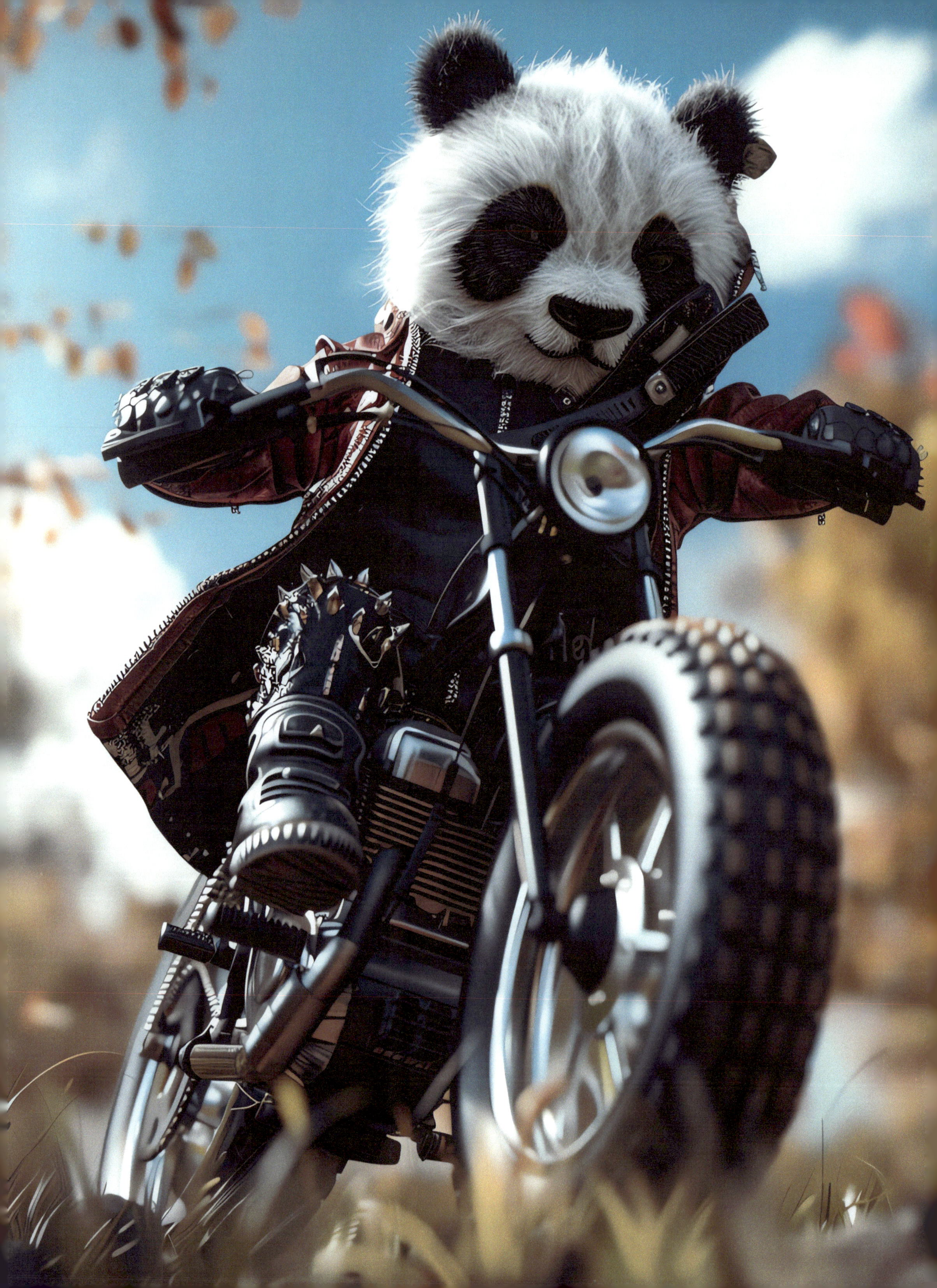

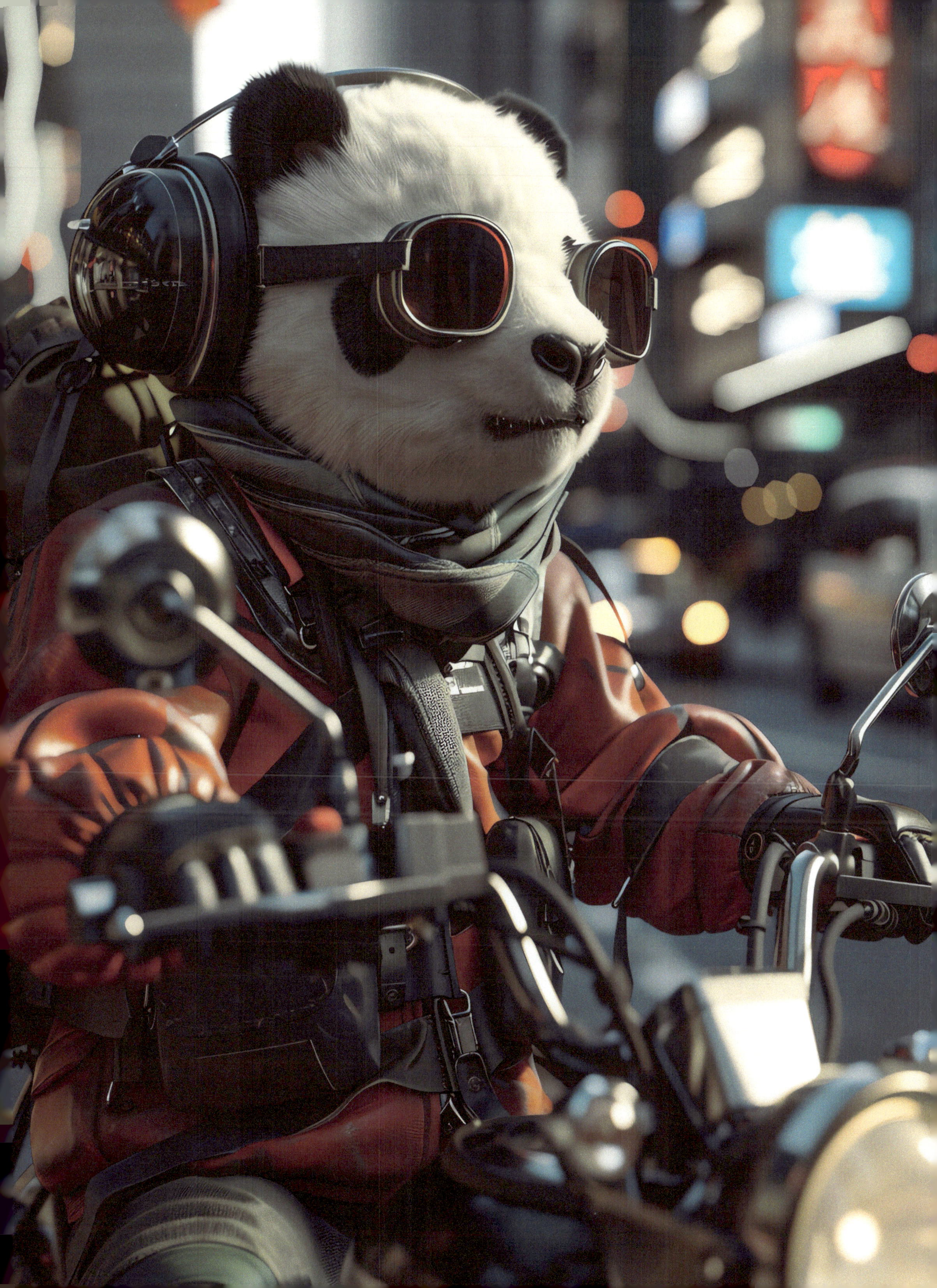

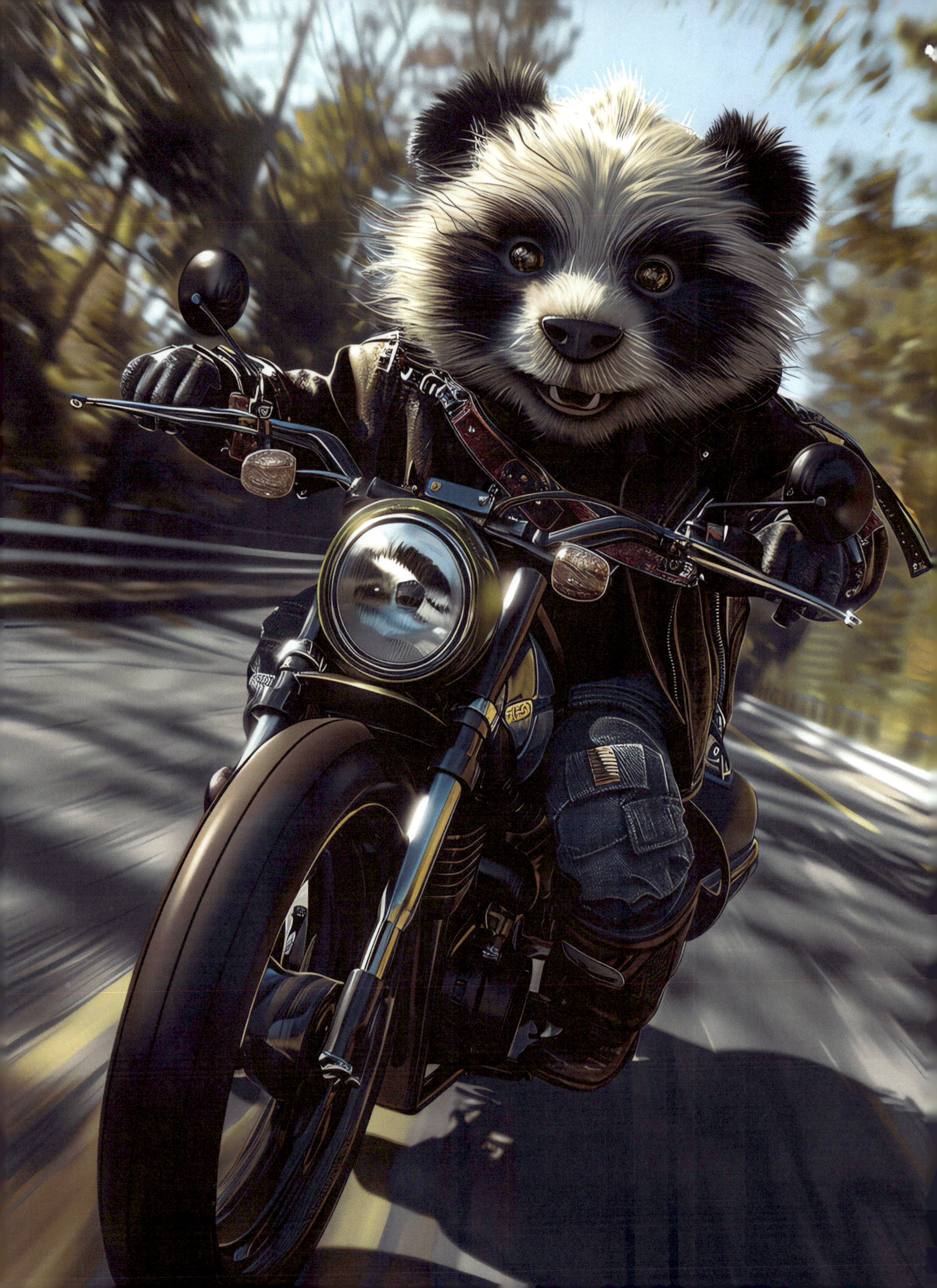

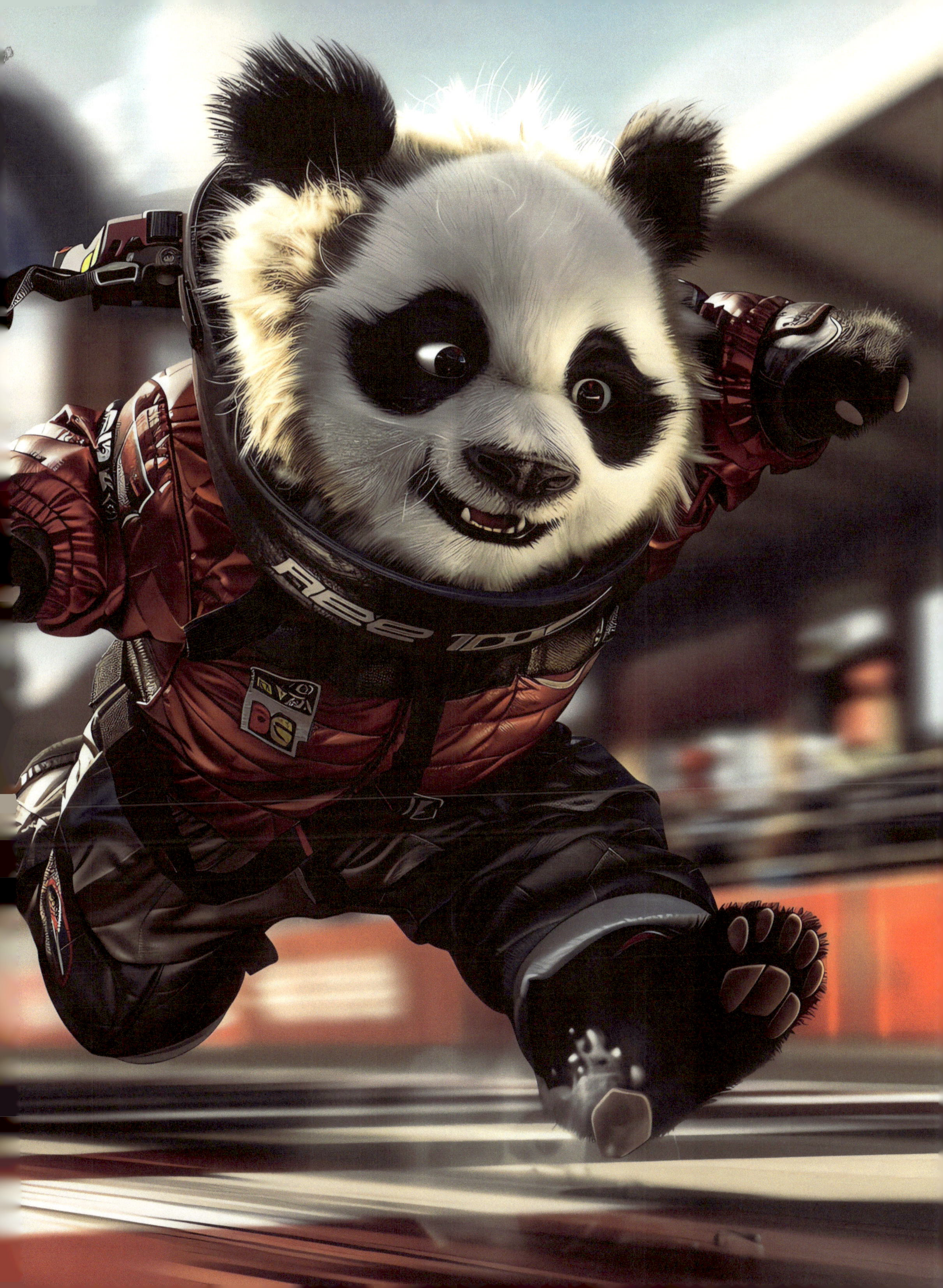

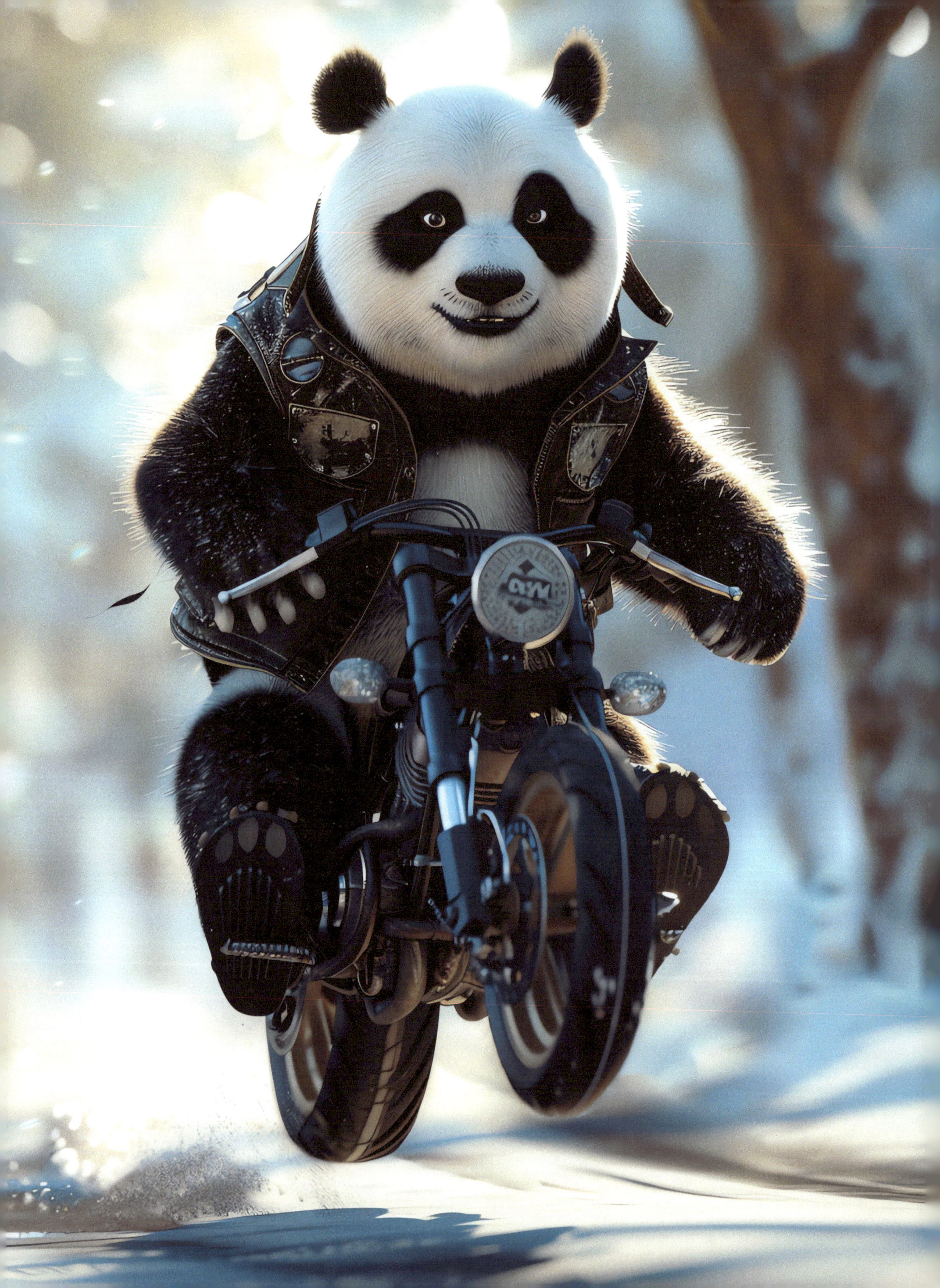

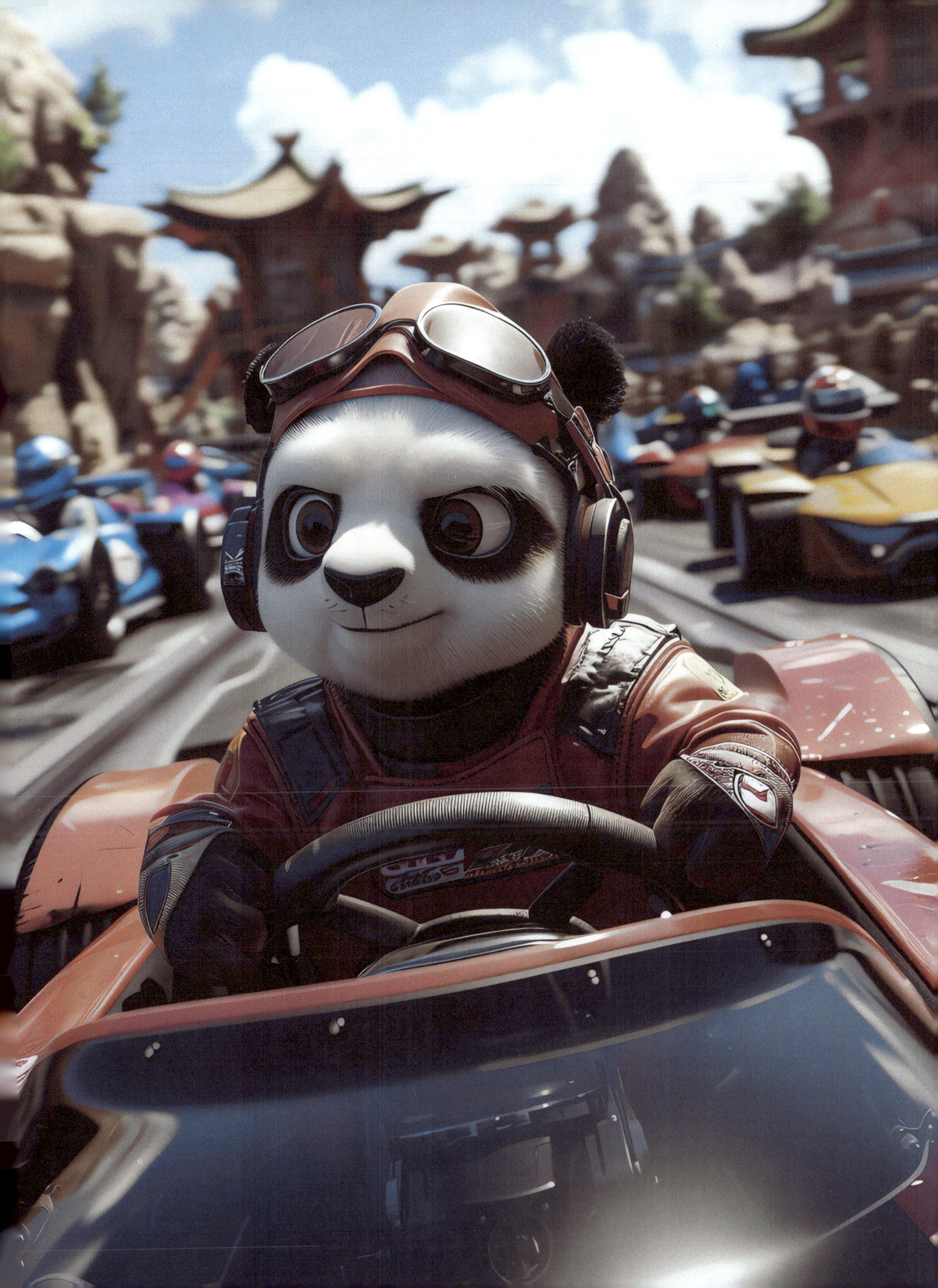

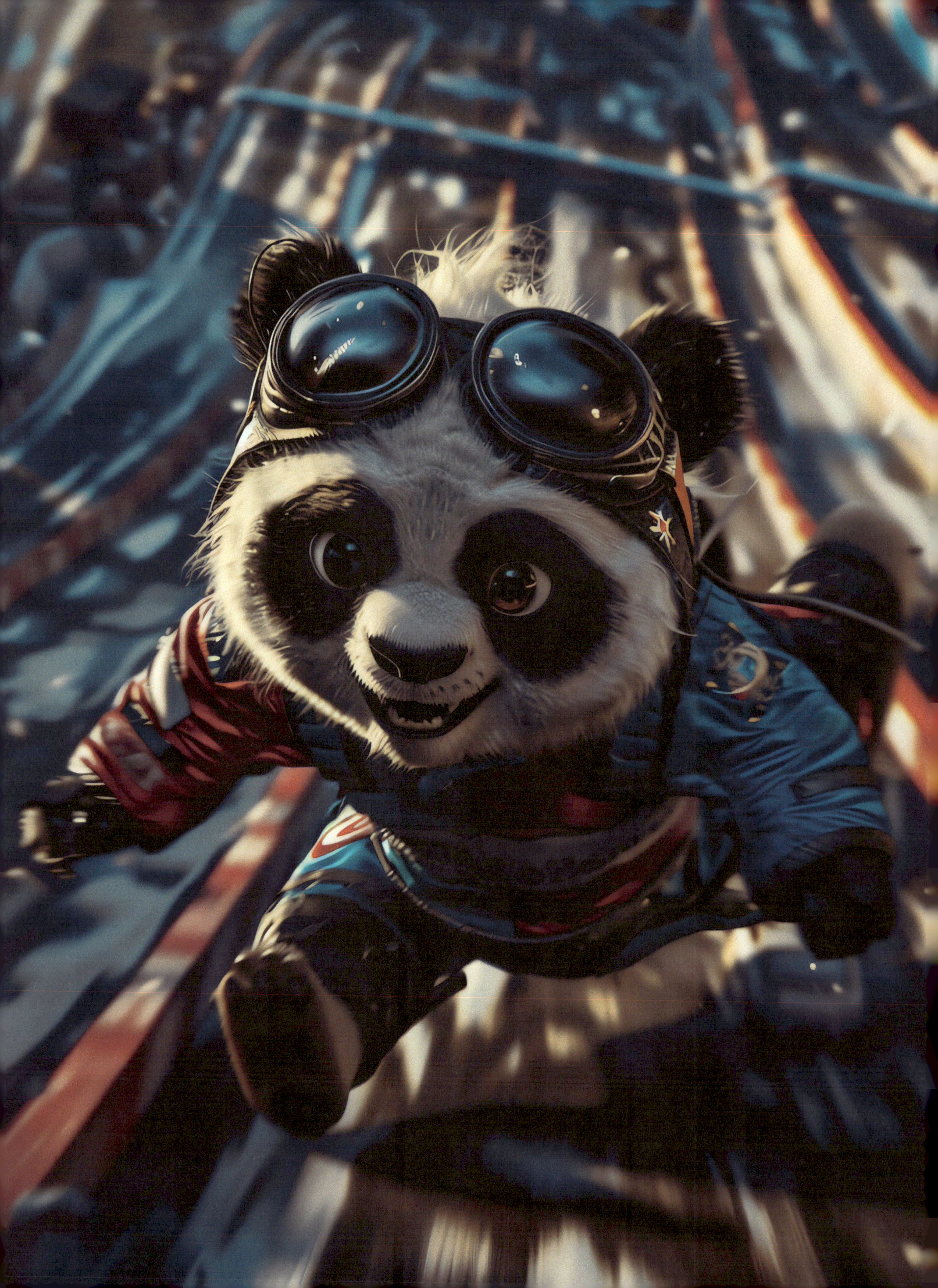

www.ingramcontent.com/pod-product-compliance
Lightning Source LLC
Chambersburg PA
CBHW040156240726
48664CB00002B/724